有趣的汉字王国④

汉字风云会

《汉字风云会》栏目组◎编著

关正文◎总策划

  咪古阅读

海峡出版发行集团 | 福建教育出版社
THE STRAITS PUBLISHING & DISTRIBUTING GROUP

 青葫芦

本书顾问

王 瑾
杭州师范大学小学语文
教学法研究所副所长

刘丹青
中国社会科学院语言研
究所所长

刘祥柏
中国社会科学院语言研
究所教授

李山川
汉字科普学者

杨无锐
天津师范大学教授、文
学博士

张一清
教育部语言文字应用研
究所研究员

林志强
福建师范大学文学院副院
长、汉语言文字学博士点、
硕士点学科带头人

程 荣
中国社会科学院语言研
究所研究员、《新华字典》
第 11 版修订主持人

韩田鹿
河北大学文学院教授、硕
士生导师

鲁大东
中国美术学院书法博士

蒙 曼
中央民族大学历史系副教
授、硕士生导师

廖文豪
文化嘉宾

谭景春
中国社会科学院语言研
究所词典编辑室主任

编委名单

丛书主编

沈小玲

丛书副主编

平　颖

分册主编

姚　伟

分册副主编

罗晨琪　余　捷

分册编委

聂熙熙　谢　青　沈青燕　蔡茜茜
尹青青　马夕汐　陶灵芝　张　慧

思维的密码　微观的世界

所有买了这本书的家长都是非常有眼光的家长，所有在看这本书的小朋友都是非常棒的孩子。因为对每一个中国人而言，汉字都是生命成长的根。这是个坏消息，也是个好消息。

坏消息是汉字太难写了。好多老外，学了好多年汉语，中国话说得跟中国人似的听不出多大破绽，一到写汉字就露了馅儿。可见写汉字有多难。所有中国孩子都要把学习阶段的相当一部分精力用到学写汉字上，这个过程有点枯燥，有点漫长。但好消息是所有的中国人都因此成了超人，因为我们掌握了一种由人类发明的、复杂的交流工具。

除了汉字，别的文字都只能表示说话的声音，汉字却是在表达词语的意思。人类的祖先在发明不同文字的时候，有很多都是从画画开始的，但是别人都嫌麻烦，后来都改用表音体系了，只有汉字传到了今天。每个字都有自己的历史，每个字都包含着一个思维的密码，每个字都是一个微观的世界。这很了不起。所以学习汉字，比学习其他语言的文字有更多的乐趣和收获。

从这个角度而言，这是一本有关字的故事的书。它可以帮助孩子们记住很多汉字和语词，并且让这个过程变得有趣。也许有人会问，我还有那么多数学、英语作业要做，还要学钢琴，还要去游泳、踢足球，认识那么多字有什么用呢？这真是一个糊涂的想法，因为你想做好任何事情，都离不开认识很多字这个基础。

这个道理很简单，因为你做的所有事情都需要用脑子。什么叫用脑子呢？就是要体会、要琢磨、要有自己的判断。语言不光是用来说话的，它还是你思考的工具。认识的字少，你的语言就贫乏，你思考的工具就简单。同样是赶路，你光着脚连鞋都没有，能走多远呢？

认的字多，就能读懂更多的好书；会写的字多，就能更好地表达你的意思。简单的文字是很难表达复杂的感受和思想的。我们就说吃吧，这很简单是吧？如果你吃到一种别人没有吃到的食物，想跟别人说说有多好吃，可你只会用"香"这一个字，那你的感受可能根本就说不清。你可能需要用到"甜""酸""脆""滑""酥""糯""暄"等等好多可以用的字，你会的越多，就能说得越准。如果你用你发明的新科技发现了新的宇宙，这可比吃到一种新食物伟大多了，但你只会用"美"这一个字来描述你的发现，别人一定会以为你什么都没发现呢。所以，大家应该尽可能认识更多的字，掌握更多的词。

还有一个需要嘱咐小朋友的是，你们的爸爸妈妈为你们买了这本书，可能他们想到的只是让你们好好学习汉字。其实，你们学了之后，也可以成为父母的老师。你们可能不知道，人一辈子写字最多的时期，就是你们现在这个上学的阶段。大人们离开学校久了，习惯使用电脑，每天真正拿笔写的字都不如你们多。不常写就会忘，所以很多字你们会写，大人不一定会写。你们可以经常拿着书里的字词考考父母，帮助大人进步。

《汉字风云会》希望能帮助小朋友们更加有趣、更加高效地识字、写字。它的成果在这本书中。节目和书的源头都是咪咕智能词库，但却是两条河流。先看节目再看书，像是换了一套风景，两岸的景色完全不同，书里的花花草草更加细腻、立体。先看书再看节目，像是带着风景走进了电影院，每个字词都成了风景中的游戏。

感谢所有的观众和读者。识字和写字是一件应该持续终生而且非常享受的事情。

关正文

2017 年 10 月 18 日

目 录

汉字大闯关 难度3

汉字大闯关 难度4

汉字造字法

象形字

按照事物的形状画出来。

鱼，甲骨文为"鱼"。上面是头，下面是尾，中间的斜线表示鱼鳞。

指事字

不能画出来时，就用一种抽象的符号来表示。

刃，甲骨文为"刃"，意思是刀的锋利部分，用"刀"上加一点来示意。

形声字

由形旁和声旁组成。形旁表示字的意思或类属，声旁用来提示发音。

娴，形旁是"女"，声旁是"闲"。

会意字

两个或两个以上的偏旁组合起来，另造新字。

休，甲骨文为"休"。一个人在树下歇息。

【 bīn kè yíng mén 】

宾客盈门

来的客人很多，挤满门庭。

你知道吗？

"盈"，形旁"皿"，让我们先来认识一下"皿"字的演变过程吧。

丫 — 𨡔 — 皿

西周　《说文》小篆　楷书

字形上部像边缘外展的容器，下部像底座，所以"皿"本义就是器皿。

"盈"以"皿"为形旁，意思是充满容器，所以"盈"的本义是充满、盛满，比如《诗经·卷耳》"采采卷耳，不盈顷筐"，采呀采呀采野菜，采了好久还不满一小筐。

举个例子

　　日逐（编者注：每天）宾客盈门，没个人替我接待，往来书札堆满，没个人替我裁答，我好些不耐烦。

〔明〕凌濛初《二刻拍案惊奇》

3

未有宾客盈门，却得高祖重用

窦威是隋朝太傅窦炽的儿子，他家世世代代都是有功勋的权贵，子弟全都喜爱武艺，只有窦威喜好文史，博览群书。他的兄弟们都笑他是一个书呆子。

隋朝建立后，他被任命为掌管皇家图书经籍的秘书郎。任期满了以后，他却不愿意升迁调职，担任秘书郎十年，学问更加广博。而他的兄弟们靠着各自的赫赫战功都身居显要之职，每天进出拜访的人络绎不绝，可谓宾客盈门。而窦威的门前则是车马冷落，成为"寒素窦府"。他的兄弟们笑话他，对他说："孔子博学多才，成为一代圣人，在他的那个年代仍旧不能得到重用，你还在妄求些什么呢？"窦威只是笑笑，并不作答。

后来，唐高祖入关，天下大乱，急需各种官职人员稳定朝政，特别缺少能主持礼制的人。窦威博学多才，熟知朝廷的各种礼仪制度，便受唐高祖之命裁定朝廷制度。窦威上奏时仪表端庄，引经据典，唐高祖很欣赏他，几度升迁，受到了唐高祖的重用。

汉字大玩家

"宾"字的演变过程：

"宾"是会意字，像主人（用 或 表示）在家中（用 ∩ 表示）迎接客人（用 表示）；朝向 ∩，表示客人自外而来。

请你试着写一写"宾"的甲骨文吧。

商　　西周　　《说文》小篆　楷书　　楷书

[chú qiáng fú ruò]

锄强扶弱

铲除强暴，扶助弱者。

你知道吗？

4

　　"扶"的古文字形 ，左边的 🦵 像一个人，有两臂两腿，最上面的一条横线是头上横插的簪子，右边 🤚 是伸向这个人的一只大手，表示用手扶人走路。"扶"本义是扶持、搀扶。发展到小篆时期，🦵移到 🤚 的右边，字形演变如下：

枒—扶—扶—扶

西周　《说文》小篆　秦　　楷书

举个例子

此等锄强扶弱的事，不是我，谁人肯做？

〔明〕凌濛初《二刻拍案惊奇》

鲁提辖拳打镇关西

北宋年间，鲁提辖（鲁达）和朋友去酒馆喝酒，听见隔壁传来女子的啼哭声，便叫小二把他们找来。

啼哭的女子名叫金翠莲，和老父在酒楼卖唱。有个"镇关西"郑大官人，看到翠莲有些姿色，强行纳她为妾，彩礼钱却分文未给。结果不满两个月，翠莲就被赶了出来，还被反讨彩礼钱。

鲁提辖听完，气从心来："不就是那个卖肉的屠户，还好意思称'镇关西'，我要去收拾收拾他。"他掏出身上所有的银子给了翠莲父女，让他们返回故乡。接着，他来到郑屠户的肉铺前，先要十斤精肉，半点肥肉也不要有，细细剁成肉酱，再要十斤肥肉，半点精肉也不要有，细细剁成肉酱，最后又要十斤寸金软骨，半点肉也不要，细细剁碎。

郑屠户见鲁提辖捉弄他，心头火起，操起尖刀扑来。鲁达就势踢倒郑屠，踏住他的胸脯，一拳打在郑屠鼻子上，打得郑屠鲜血直流，又一拳打在眉梢，打得郑屠乌珠崩裂，再一拳打在太阳穴，打得郑屠只有出气没有进气，不一会儿便动弹不得。

鲁提辖见义勇为，锄强扶弱，不愧为"梁山好汉"。

出奇制胜

用奇兵或奇计战胜敌人，泛指用对方意想不到的方法取得胜利。

你知道吗？

"制"是会意字，左边 是"木"，右边 は"刀"，造字本义是以刀截割木材。后由此义引申出"制造"的含义。由"制造"引申出"制定"，再由"制定"引申出"裁定、裁断"，又由"裁定、裁断"引申出"禁止、抑制"之义。"制胜"就是抑制、制服对方取得胜利。你瞧，汉字的含义就是这样一层一层引申发展出来，并逐渐丰富的。

彬 — 彩 — 粉 — 彬 — 制 — 制

商　战国《说文》秦　汉　楷书
　　　小篆

举个例子

夫仲达出奇制胜，变化如神，天下莫不惮之。

〔宋〕陈亮《酌古论·诸葛孔明》

汉字故事会

田单巧布火牛阵

公元前 284 年，燕国大将乐毅率领六国联军大举讨伐齐国，一路势如破竹，所向披靡，占领了齐国大片土地，最后只剩下莒城和即墨两座孤城。即墨守将战死后，城内百姓推举田单担任将军。田单是齐国王室的远房亲戚，他精通兵法，足智多谋。

田单挑选了一千多头牛，在牛身上披上五彩龙纹衣，牛角上绑上尖刀，尾巴上系着一捆浸透了油的苇束。一个月黑风高的夜晚，他一声令下，将士们用火点燃了牛尾巴上的草，牛尾巴一烧着，一千多头牛像发了疯似的朝着燕军兵营方向猛冲过去。齐军的五千名"敢死队"拿着大刀长矛，紧跟着牛队，冲杀上去。齐国百姓一起来到城头，擂鼓呐喊，敲得震天响。燕军从睡梦中惊醒，看到一大群冒火的五彩怪兽直冲而来，吓得惊惶失措，四处逃窜，非死即伤，溃不成军。田单率军乘胜追击，齐国民众也持械助战，很快将燕军逐出了国境。

这就是历史上著名的"火牛阵"，田单正是用这一奇特的计谋打败了燕军，保卫了国家。

汉字大玩家

中国历史上这些出奇制胜的战役分别使用了哪些计谋？

围魏救赵（ ） 火烧赤壁（   ）

长平之战（ ） 官渡之战（   ）

A. 巧用天时   B. 离间计

C. 釜底抽薪   D. 调虎离山之计

川 流 不 息

（行人、车马等）像水流一样连续不断。

你知道吗？

"川"是象形字，甲骨文写成，像两岸中间有流水，所以"川"的本义是河流。"川"也指山间或高原间平坦的陆地，因为在高山之间的平坦陆地，就像河流的两边有堤岸一样。

商　　　商　　《说文》小篆　楷书

举个例子

他是掌院，又是尚书，自然有些门生属吏，川流不息的前来瞧他。

〔清〕李伯元《官场现形记》第五十八回

冯谖收账

　　孟尝君是赫赫有名的战国四公子之一，他喜欢与文人雅士结交，投奔到他家的门客都能得到很好的待遇，所以那些有才能的人都川流不息地投身到他的门下。

　　在孟尝君的门客里，有众多稀奇古怪的人，其中有个叫冯谖（xuān）的就是个怪人。在当时，大家都不免纳闷，这人没有表现出什么过人之处，竟被孟尝君收留了。而且，被收留的冯谖并没有感恩孟尝君，反而常常抱怨每日的饭菜不够好，没有鱼吃。孟尝君听说后马上做了改进。得知冯谖家中还有一位老母亲，孟尝君就叫人按时供给冯谖母亲的吃穿用度。冯谖这才停止了抱怨。

　　终于有一天，冯谖也想给孟尝君做点事了。他自告奋勇去薛邑收账。到了薛邑之后，他将那些欠债的人都召集起来，然后好酒好菜地款待。冯谖一边招呼大家喝酒吃菜，一边观察欠债人的贫富情况。然后对那些有能力偿还债务的人，冯谖当场与他订立归返债务的日期。对那些无力偿还的人，冯谖将他们的债券收集起来，最后竟一把火全烧了。当地的老百姓知道后高兴得不得了，纷纷夸赞孟尝君是个仁义之人。

　　孟尝君听到冯谖烧毁债券的消息，心里颇为恼怒，但也无可奈何。过了一年，孟尝君到薛邑去居住。离那里还有一百里路，薛邑的老百姓就扶老携幼，在路上迎接他。孟尝君回头看着冯谖说："先生你帮我做的事情，我今天才算见到了。"

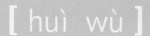

会　晤

会面，会见。

你知道吗？

　　"晤"字是日字旁，在明亮的太阳照射下，周围的一切都是那么清晰明了，所以"晤"的最初意思是"明"，后来引申为对事情"明白、清楚"。怎样才能把事情知道得清清楚楚、明明白白呢？最好的办法就是彼此见一面、谈一谈，因此，"晤"引申出了"会面"的意思。

举个例子

　　无由会晤，不任区区向往之至！

〔宋〕王安石《答司马谏议书》

11

古人会晤的礼仪

现代人见面，我们一般是面带微笑，握手问好。但是在中国古代时期，握手这种礼仪是不存在的，那么古代人见面时，到底有哪些礼仪呢？今天就让我们一起看一看古人见面的常见礼仪。

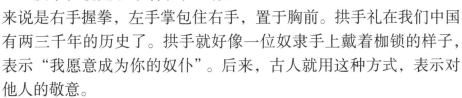

作揖，就是拱手行礼，是初次见面时最常见的礼仪。

拱手，就是双手合握，一般来说是右手握拳，左手掌包住右手，置于胸前。拱手礼在我们中国有两三千年的历史了。拱手就好像一位奴隶手上戴着枷锁的样子，表示"我愿意成为你的奴仆"。后来，古人就用这种方式，表示对他人的敬意。

古人拱手作揖还要根据不同对象用不同的作揖方式。男子与男子见面行礼，拱手在胸前微微向上推。如果是有婚约关系的男子与女子见面，那么男子要拱手与胸部位置持平；如果是没有婚约关系的，男子行礼时拱手在胸前微微向下。

有时，为了表示更加恭敬之意，在拱手作揖的基础上，头向下低，身子弯腰，额头碰到双手。

古代女子与人见面行"万福礼"，行礼时双手交叠放在小腹，眼睛朝下方看，微微屈膝，口称"万福"。

原来，古人见面的礼仪这么丰富多样又意味深长，孩子们，希望你们能继续传承咱们的中华礼仪，做一个礼仪文化的传播者！

下巴颏儿

"下巴颏儿"俗称下巴。

 你知道吗？

"颏"字的右边是"页"字，"页"甲骨文写做，就像一个跪着的人，只是加大头部比例。这也是古人的一种造字的智慧，用这种方法来突出人的头部，所以"页"指的就是头部。"颏"字的意思是"下巴"。下巴属于头部，所以"颏"这个字写做"页"字旁。"颌""额"等字属"页"字旁也是这个道理。

举 个 例 子

他进村来了，身儿轻飘飘，步儿慢悠悠，凹心脸儿笑盈盈，下巴颏儿翘得高高。

李志君《焦老旦和熊员外》

儿化音的由来

"下巴颏儿"是一个典型的北京话里的儿化词语，据说，儿化音最早出现在清代前期。清代作家曹雪芹的《红楼梦》中就多次出现带有儿化现象的俗语，如"守多大碗儿，吃多大饭""状元痘儿灌的浆儿——又满是喜事"，都是当时大家喜爱在口语里用儿化音的反映。从这些儿化了的词语当中，我们真切地感受到作者的喜爱、亲昵之情，可能正是因为这种可爱的感觉让当时的人们都慢慢成为儿化音的粉丝了吧。所以，我们可以看到，儿化音在北京至少也有300年的历史了。

但是清代以前带"儿"的词语就不属于儿化音。例如唐代诗人金昌绪的《闺怨》，"打起黄莺儿，莫叫枝上啼。啼时惊妾梦，不得到辽西。"为什么说这里的"黄莺儿"不是儿化现象呢？原来，儿化的词语虽是由两个汉字组成，但音节却只有一个，比如"玩儿（wánr）""老头儿（lǎo tóur）"等。再回到"打起黄莺儿"这句诗中，诗句五个字一句，每句最后一个字"儿""啼""西"押韵，"儿"读"ér"，是独立的音节。

汉字大玩家

你还知道哪些儿化词语呢？把它们写下来，并大声读一读吧。

宝贝儿　　毛驴儿　　遛弯儿　　压根儿

_____　　_____　　_____　　_____

嗷嗷待哺

比喻饥饿时急于求食的样子。也用来形容婴儿刚刚出生，期待母亲哺育的样子。

你知道吗？

嗷嗷待哺的"哺"是喂食的意思，是母亲哺育婴儿。还有一个词，叫"反哺"。传说，小乌鸦在母亲的哺育下长大后，当母乌鸦年老体衰，不能觅食或者双目失明飞不动的时候，小乌鸦就四处去寻找可口的食物，衔回来嘴对嘴地喂到母亲的口中。这就是人们常说的"乌鸦反哺"。

举个例子

鸿雁于飞，哀鸣嗷嗷。

《诗经·小雅·鸿雁》

忧国忧民的杜甫

唐朝著名诗人杜甫生活在战乱年代，那时候国家不安定，到处打仗，官兵们到处抓老百姓服役。

有一天晚上，杜甫借宿在石壕（háo）村的一户人家里。他刚睡下没多久，就听到有差役来征兵的声音。差役们大声吼叫着，吓得那户人家的老翁赶紧翻墙逃走了。

老婆婆哭着去开门，她跟那些差役说："我有三个儿子都去邺城服役了，两个刚刚战死了。现在，家里再也没有其他男人，只有一个嗷嗷待哺的孙子。因为要照顾这个孩子，他妈妈肯定是不能离开的。如果你们一定要有人去服役，就只有我能去了。虽然我年老力衰，但还能做做饭……"

夜渐渐深了，门外说话的声音已经消失了，只能隐隐约约地听到断续的哭声。杜甫知道，老婆婆已经被抓去服役了。第二天，杜甫离开时，只和返回家来的老翁告了别，便伤心地离开了。

后来，杜甫将这件事写成了诗歌，叫《石壕吏》。

谙熟

十分熟悉（某种事物）。

你知道吗？

　　"谙"，左边是"讠"（言）字旁，右边是"音"字，其含义是通过语言、声音，让人知晓、熟悉情况，所以"谙"的本义是"熟悉"。诗人白居易曾用"谙"写下名句——"江南好，风景旧曾谙"，表达他对曾经熟悉的江南美景的眷恋之情。

举个例子

凡边关险塞，敌情缓急，将领贤否，士马强弱，皆已谙熟。

〔清〕魏源《圣武记》卷十一

张良桥下得奇书

　　在西汉开国的功臣中，张良是一个胸藏韬略、腹有奇谋、眼光高远、长于决断的人。他本是韩国贵族后代，韩国被秦国吞并之后，张良流亡到下邳（pī）城。一天，张良闲来无事在下邳桥上漫步，遇到一个老翁。这个老翁故意当着张良的面把鞋脱下来扔到桥下，然后对张良说："小伙子，你赶快下去把鞋给我捡上来！"

　　张良听了感到很惊讶，一股无名火从心中陡然升起，但他转念一想，老翁都一大把年纪了，跟他逞强算什么本事呢！于是他表现出一副乐于效劳的样子，到桥下去把鞋捡了上来。可是，老翁不但不道谢，反而得寸进尺地说："小伙子，替我穿上！"这一次，张良并没有生气。他想：鞋都捡上来了，还生什么气呢？既然他叫我给他穿上，那我就好事做到底吧！张良二话没说，就跪下来给老翁穿鞋。老翁伸出脚让他把鞋穿好，脸上露出了意味深长的一笑，说："五天后的拂晓你来这里和我相会。"然后就起身离去了。

　　五天后一大早，张良如约前往。老翁送给他一卷帛书，对张良说："我看你是个可以教导的人。现在我把这本书传授给你。你要仔细研习，读懂了这本书，将来你就可以做帝王的老师了。"天亮以后，张良打开那本书，发现竟然是《太公兵法》。张良觉得此书非同寻常，于是，夜以继日、废寝忘食地研习诵读它，渐渐烂熟于心。对《太公兵法》谙熟于心的张良从此有了脱胎换骨的变化，他不再像以前那样莽撞了，做什么事都要谋而后动，逐渐成为了一位工于谋略的奇人。

[biào jìnr]

摽劲儿

双方因为赌气或者竞赛等原因憋着劲儿比着干。

你知道吗？

从"摽"的字形，我们可以看出它是一个形声字，形旁为"手"，声旁为"票"。"摽"的本义是用手击打，后来引申出捆绑物体使之相连结的意思，还指用胳膊紧紧地钩住，比如：母女俩摽着胳膊走。

知道了"摽"的意思，我们就能理解为什么"摽劲儿"给人一种相互纠缠、暗地里较劲的感觉。

举个例子

巴萨皇马一开始就摽上了。

2016 年 8 月 23 日《北京晚报》

争先恐后迎金娘

作家许地山写了一个有趣的故事，叫《桃金娘》。

在福建南部，古时的原住民都是住在依着山洞建造起来的村落里，而他们的酋长则被尊为洞主。

这些洞民中有一户人家，只剩下一个名叫金娘的女孩和她的姑母。据说，在金娘生下来不到两个月的时候，她的父母在山上干活时不幸遭雷劈而丧命。迷信的洞民们都认为金娘是不祥的人，所以没人敢与金娘来往。

但金娘从不怨恨众人，她每天帮着姑母纺线织布，一有时间就上山观察昆虫和花草的形状，照着样子在布匹上织上花纹。慢慢地，她织出的花样越来越美，美到洞民们已经不在意她是"不祥之人"了。然而，这引起了洞主那能歌善舞的女儿银姑的强烈嫉妒，她唆使洞主赶走了金娘。

人们十分想念金娘，越来越不喜欢银姑。银姑为了让人们喜欢她，只好找到金娘，请求金娘教她织布。于是，金娘让她在山下搭一个机房，准备回来教大家织布。

听说金娘要回来，洞民们争先恐后地把各家存着的茅草搬出来，搭竹架子，盖屋顶。大家摽着劲儿干，不到两天工夫，机房就盖好了。后来，聪慧善良的金娘把所有纺线、织布、染布的手艺都传给了曾经帮助过她的人。

[bào tiǎn tiān wù]

暴殄天物

任意糟蹋东西，不知爱惜。

你知道吗？

"殄"的古体字，左边的 自 最初并不是"歹（dǎi）"字，是"歺"（è）"字。"歺"的古文字形 自 ，就像剔去肉的残骨。后来"歺"字的字形慢慢演变成"歹"。与"歺（歹）"有关的字大多表示死、坏或不吉祥，如"奸""死""残""殃"等。"殄"字也是如此，它是竭尽、断绝的意思，如"殄平""殄灭"。

举个例子

"呀！这是吃的呀，你这小败家子！暴殄天物……还不懂得是吃的吗？"

萧红《桥》

偷吃人参果

这天，唐僧师徒来到万寿山五庄观。万寿山有件宝贝，叫"人参果树"。这人参果树三千年开一次花，三千年结一次果，再三千年才得成熟，而且只结30个果子。果子形状就像一个婴儿，手足、五官俱全。人如果能闻一闻人参果，就能活360岁；吃一个，能活47 000岁。普天之下只有五庄观有这种宝贝。

五庄观的镇元大仙带着几个徒弟到元始天尊那里听讲道法，留下小徒弟清风、明月看家，并交代他们好好招待唐僧师徒，打两个人参果给唐僧吃。唐僧见那果子像婴儿，怎么也不肯吃。清风、明月没办法，只好捧着人参果回房间，一人一个把果子吃掉了。他们吃果子时碰巧被孙悟空偷偷发现了。悟空听说吃了人参果能长生不老，悄悄拿了金击子敲了三个人参果分给两个师弟同吃。猪八戒贪吃性急，一口把果子吞下去，什么味道也没有尝出来。

清风、明月见金击子掉在地上，起了疑心，连忙到人参果园内查看人参果数目，果然少了几个。他们大骂唐僧，不依不饶地要悟空赔人参果。悟空气得咬牙切齿，拔了根毫毛变成了假悟空站着。自己则飞到人参果园内，举起金箍棒就一阵乱打，又使出神力把果树连根拔出，推倒在地。枝繁叶茂的人参果树的叶子开始枯萎，仙果从树上掉下来，碰到土就全部钻到地里去，消失不见了。这棵开天辟地的灵根就这样被打死了。

孙悟空如此暴殄天物，惹怒了镇元大仙。他绑了师徒四人，要把他们扔到油锅里炸了。悟空无奈只好翻个筋斗云找观音菩萨，把人参果树救活。镇元大仙这才肯放唐僧师徒上路西去。

亘古

自古以来，整个古代。

22

你知道吗？

　　"亘"的甲骨文，像回旋的水形成的一个漩涡。有的甲骨文在回旋的水形上面加一横画，发展到后来又在下面加了一横画。水回旋，引申出连绵不断之义。"亘"字的本义即回旋、连绵不断。

　　"亘"字的演变过程：

　　商　　　商　《说文》小篆　汉　　　楷书

举个例子

　　在那亘古的底层里，有着一股沸腾的洪流，像我的心喷涌着血液一样。

端木蕻（hóng）良《土地的誓言》

古人挖井取水的传说

水是生命的源泉，打一眼水井在现代人看来是很普通的事，但在五千多年前的新石器时代，挖一眼水井是相当艰难的。

传说，黄帝定居黄土高原后，为饮水问题常常发愁。他找来懂地质的伯益，询问如何解决高原缺水问题。伯益说："最好在平地挖水窖，把雨水收集起来供人们用水。"于是黄帝动员大家挖水窖，但由于没掌握处理水窖内渗水的技术，每次盛满一窖水后，很快又变成了干窖。

一天，伯益一个人去深沟底挑水，看见绿汪汪的泉水，独自观察起来。他想，如果从高原上挖一个深洞，一直挖到沟底，通到有水的地方，人们用水时，用绳子拴上水桶往上吊，用多少吊多少，那就再也不愁无水可用了。他的想法得到黄帝的大力支持，于是他们选好地点，带领大家挖井，一直挖到底，果然出水了，人们欢腾高呼起来。井水不仅清凉，而且特别干净，人们饮用后，疾病也大大减少了。

所以，亘古以来许多事物并不是原本就存在的，而是先人们用智慧和汗水创造的。

汉字大玩家

"三皇五帝"并不是真正的帝王，他们是原始社会时期出现的为人类做出卓越贡献的部落首领或部落联盟首领。"三皇五帝"的说法有多种。你知道"三皇五帝"他们各自的名字吗？

三皇：＿＿＿＿＿＿＿＿＿

五帝：＿＿＿＿＿＿＿＿＿

【 hā lá zi 】

哈喇子

流出来的口水。

你知道吗？

"喇"是多音字，"喇叭""喇嘛"中的"喇"读成"lǎ"，但在"哈喇子"里，它读成"lá"。其实，它还可以读成"lā"，是形容突然发出的声音，如"呼喇""哇喇"。

"哈喇子"是北方的方言。有的人睡觉会流口水，因此也有人将睡觉说成是"流哈喇子去了"。

举个例子

这个消息传开后，一些朝思暮想盼着出国去捞一把的人，馋得直流"哈喇子"。

程树榛《励精图治》

望梅止渴

东汉末年，曹操带兵去攻打张绣。当时正是盛夏时节，骄阳似火，行军的战士们一个个大汗淋漓，衣服都湿透了，可是又找不到水喝。

到了中午，大家已经被晒得头昏眼花、口干舌燥，喉咙像着了火一样难受，那些体质相对弱一些的士兵甚至接二连三地倒在了路边，就连身体比较强壮的士兵也渐渐支撑不住了。

眼看倒下的士兵越来越多，行军的速度越来越慢，曹操心里非常焦急。可是极目远眺，周围仍然一点儿水的踪影都没有，怎么办呢？

曹操想了又想，终于想出了一个好主意。他骑着马，迅速赶到了队伍的最前面，用马鞭指着前方对士兵们大声喊道："大家听着，前方不远的地方有一大片梅林，那里的梅子特别大，味道酸酸甜甜的，我们快点赶路，到了那里就能吃梅子解渴了！"

士兵们听了曹操的话，想到梅子酸酸甜甜的味道，仿佛已经吃进了嘴里似的，连哈喇子都快流下来了。大家的精神也振作起来了，他们加快速度向前赶去。就这样，曹操终于率领军队走到了有水的地方。

痉挛

肌肉紧张，不由自主地抽搐，并有疼痛的感觉。

你知道吗？

"痉"，形旁是"疒"，表示和疾病有关。"痉"的本义是一种风强病，手脚抽搐。"圣"作声旁，又有表示经脉之义。所以，"痉"的字形形象地表达了经脉不通畅，发生抽筋等症状的意思。

"挛"，本义是牵系，由此引申为抽搐、手足蜷曲之义。

举个例子

说罢，叩头出血，谁知皇后一听这些话，眉头一蹙，脸色铁青，一阵痉挛，牙关咬紧，在龙椅里晕厥过去了。

〔清〕曾朴《孽海花》

麻沸散消苦痛

华佗是我国东汉时期的名医，他最早发明了麻醉药，当时的药名叫麻沸散。

东汉末年，魏、蜀、吴三国你争我夺，连年战争，再加上天灾人祸，军队士兵和老百姓受伤得病的很多。华佗是有名的医生，很多人都请他去治疗。华佗是惜贫怜苦、有求必应的人，不管是兵是民，只要找到他，他都给医治。找他治病的伤病员，有锯腿的，有截手的，有剖腹的，有缝合的，啥样的伤病都有。可是，那时没有麻醉药，每当进行剖腹、截肢等大手术时，手术刀一旦切开皮肤，病人都痛得受不了。他们紧咬牙关，眉头紧蹙，额头渗出豆大的汗珠，双拳紧握，全身痉挛，有的甚至痛到晕厥，手术现场惨不忍睹！华佗看了也很心疼，咋办呢？华佗为了减轻病人的痛苦，想了许多办法，做了不少试验，总是收不到理想的效果，一次一次地失败了。但华佗并不灰心，在治疗中总结经验，继续摸索，他发誓一定要找出减轻病患痛苦的办法来。最后，他终于发明了麻沸散，患者在手术过程中再也不像以前那般痛苦了。

缄默

闭口不说话。

 你知道吗？

　　"缄"的本义指捆箱子的绳索。在纸还没有发明出来之前，人们写信还是用竹简、木片，写好之后，要用绳子捆好，这就是"封缄"，意思是封好了信封，外人就不能偷看了，所以"缄"又有封口的含义。

举个例子

　　其他的学生，一部分是袖手缄默，表示怕同有权威的同学们争竞。

叶圣陶《倪焕之》

指鹿为马

秦国的丞相李斯死后，赵高当上了丞相。朝堂之上，事无巨细都由他来决断。赵高日益骄横，渐渐地也不把皇帝秦二世胡亥放在眼里了。

一天，赵高趁群臣觐（jìn）见之时，命人牵来一只鹿献给秦二世胡亥，说："臣进献一匹马供皇上玩赏。"胡亥见了，笑道："丞相错了，这明明是鹿，你怎么说它是马呢？"

赵高一本正经地问左右大臣："你们说说，这究竟是鹿还是马呢？"在场的大臣们，有的因为害怕赵高的淫威，缄默不语；有的阿谀奉承，连连说是马；有的坚持己见，回答是鹿。

胡亥见众口不一，以为自己有问题，就连忙召太卜算卦。太卜说："陛下斋戒时没有沐浴更衣，冲撞了神灵，蒙蔽了双眼。"胡亥信以为真，便在赵高的安排下，打着斋戒的幌子，躲进上林苑游玩去了。

秦二世一离开，赵高就立刻处罚那些违背他意思的人。经过这件事之后，朝中上下莫不三缄其口，都看着赵高的眼色行事，整个朝堂被搅得乌烟瘴气。

[jiào xiāo]

大声叫喊吵闹。

你知道吗？

"嚣"由一个"页"和四张"口"组成。"页"最早的意思是头部、面部。四张口围在脑袋周围讲话，还能不闹哄哄吗？

春秋　　汉　《说文》小篆　楷书　　楷书

举个例子

　　巨龙似的列车，喧吓地叫嚣了一阵，喷着火星乱窜的黑烟，风掣电驶过来。

曹禺《原野》

捕蛇者说

永州的野外生长着一种奇异的蛇。它身含剧毒，但把它晾干制成药饵，却能治很多病。于是，太医用皇命征集这种蛇，一年两次，捕到蛇的人可以用它来抵掉赋税。

有户姓蒋的人家，祖孙三代靠捕蛇抵税。有人问起，他却说："我的祖父因为捕蛇死了，我的父亲也因为捕蛇死了。我继承祖业捕蛇已经十二年了，有好几次也差点儿死掉。"

"那你为什么还要捕蛇？像别人一样种地交税不是更安全吗？"

蒋氏听后眼泪都快流出来了，说："如果不捕蛇，我的生活恐怕更难过。你看看我的乡邻们，把家里所有的粮食和收入全交了税都不够。他们只好痛哭逃亡，饿死的饿死，病死的病死。至少我靠着捕蛇这个差事活了下来。每当凶暴的官吏来征税，到处骚扰，到处叫嚣，他们冲到乡邻们的家里，一边叫骂一边把能找到的谷仓、米缸都刮个底朝天。有老奶奶偷偷藏起一袋小米要给小孙子续命，也被他们抢走。老奶奶上前去求告，他们非但不给，还骂骂咧咧，一把将老奶奶推倒在地。像这样的叫嚣声、哭诉声不绝于耳。那时我就小心翼翼地看看瓦罐里的蛇，还在，就放心了。我小心地喂养它，到规定的日子把它献上去，回家后就能安心吃着自己种的粮食，度过接下来的半年。所以，我一年中只要冒死两次，哪像我的乡邻们天天都在担惊受怕呢！"

这大概就是孔子说的"苛政猛于虎"吧！

[kuò chuò]

阔绰

排场大，生活奢侈。

你知道吗？

　　"阔"本义为疏远、远离，由疏远引申指时间久远，比如"阔别"。又引申指面积宽广，如《淮南子·齐俗训》"广厦阔屋"中的"阔"就是表示宽广、阔大的意思。想一想，在古代，拥有宽阔、高大的房屋，显得多么富有，多么豪华！于是，"阔"也有了富裕、荣显的意思。"绰"在《说文解字》中解释为"缓也"，表示宽缓。"绰绰有余"就是指房屋或钱财非常宽裕，用不完。"阔绰"这个词是由两个都带有宽大富裕意思的字组成，你说排场能不大吗？

举个例子

　　这年他把门面也改大了，举动也阔绰了。

〔清〕吴趼人《二十年目睹之怪现状》

石崇斗富

石崇与王恺都是西晋时期的官僚贵族，他们常常对百姓巧取豪夺，生活十分奢侈，而且还互相争豪斗富。

有一天，石崇和王恺比阔绰。两个人都想用最鲜艳、最华丽的东西来装饰车马、服装。王恺屡斗屡败，情急之下想起了最后一张王牌——外甥晋武帝送他的一

棵珊瑚树。这珊瑚树长二尺高，枝条繁茂，世上很少有其他珊瑚树能比得上。王恺十分得意，拿珊瑚树在石崇面前炫耀。石崇看了看，一声不吭，拿起铁如意去敲打它，珊瑚树随手就被打碎了。王恺痛惜极了，心想：一定是石崇妒忌我的宝物，顿时对石崇声色俱厉。石崇却漫不经心地说："这不值得遗憾！现在我就赔给你。"只见他叫人把家里的珊瑚树全都拿出来，有三尺高的，四尺高的，而且树干、枝条举世无双、光彩夺目的就有六七棵，像王恺那样的就更多了。王恺见了，羞得两只脚抹油急忙告辞，连击碎的珊瑚树也不要了。

石崇只是西晋的一个中级官僚，就如此奢靡纵欲，那些级别更高的官员就更不用说了。

[jī shēn]

跻身

使自己上升到（某种行列、位置等）；置身。

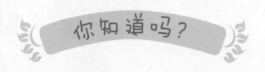

你知道吗？

　　"跻身"容易误写为"挤身"。有什么方法可以避免错误呢？你看，"挤"是提手旁，与手的动作有关，比如"挤牛奶""挤公交车"，它没有上升的含义。"跻"是足字旁，是用脚登上的意思，比如登上一座山峰，叫"跻攀"或"跻登"；登上山峰的最高点，叫作"跻峰造极"，就是我们平常说的"登峰造极"，常用来比喻达到完美境界。

举个例子

　　名士得以跻身其间，原因是他们或则本身大地主，或则可以向大官僚转化。

黄裳《榆下说书·关于柳如是》

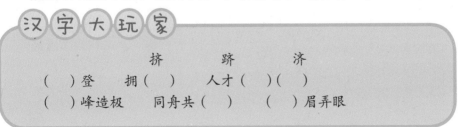

信陵君尊礼侯赢

魏国有个隐士叫侯赢（yíng），七十岁了，是个守门人。信陵君听说后，前往邀请，想送他厚礼。侯赢不肯接受："我几十年重视操守品行，终究不应因做守门人贫困而接受您的钱财。"

于是，信陵君摆酒大宴宾客，亲自驾车去迎接侯赢，并空出马车左边的座位。侯赢撩起破旧的衣服，直接登上车，毫不客气地坐在左边的上位。

信陵君也不介意，亲自拉着缰绳和马鞭，恭恭敬敬地站着等候侯赢坐好。侯赢对信陵君说："我有个朋友在街市的肉铺那里，希望委屈您的车马顺路拜访他。"信陵君就驾着车马进入街市。侯赢下车拜见他的朋友，故意久站着与朋友闲谈，斜着眼睛暗中观察信陵君，发现信陵君丝毫没有显得不耐烦，而是更加温和。

这时，魏国的将相、宗室等宾客都坐满了厅堂，等待信陵君开宴。街市上，人们看见信陵君一直一手拉着马绳，一手握着马鞭，都好奇地在一旁围观。信陵君的随从急了，都在背后责怪侯赢无礼。侯赢看信陵君依然那么平静与宽容，打心眼里佩服信陵君。

到了家中，信陵君请侯赢坐上座，起身来到侯赢面前祝酒。侯赢当着大家的面向信陵君道歉，从此成为信陵君的上等宾客。在赵国求救时，他献计信陵君，让信陵君留下"窃符救赵"的历史佳话。

信陵君礼贤下士，被史学家司马迁列为"战国四公子"之首。

汉字大玩家

	挤	跻	济	
（　）登	拥（　）	人才（　）（　）		
（　）峰造极	同舟共（　）	（　）眉弄眼		

磕磕绊绊

因道路不好走或腿脚有毛病而行走不灵便。形容事情遇到困难、挫折，不称心，不顺利。也指说话费力的样子。

你知道吗？

"绊"，声旁"半"这个字，是一个会意字。你看它的古文字形，上面是"八"（分割），下面是"牛"，意思是把牛体分割为两半，因此"半"的本义是一半、二分之一。古人造字真的是很有意思吧！

春秋　　　战国　　《说文》小篆　　楷书

举个例子

孔子尽量保持神色不变，态度凛然，脚下磕磕绊绊，步伐仍然不乱，停顿有致，急缓分明。

钱宁《圣人》

磕磕绊绊的取经路

《西游记》中的唐僧家喻户晓，他经历九九八十一难去西天取经的故事广为传颂。其实唐僧形象是有历史依据的。

唐朝有个叫玄奘（zàng）的佛教徒，的确去印度取过佛经。他从长安起步，路经甘肃，再过敦煌，一直向西域进发。在苍茫的戈壁沙漠上行走，没有路标，只有从前走过的马匹、骆驼留下的粪便，或是一堆堆的尸骨。沙漠里没有水，喉咙渴得发痛，连眼皮也睁不开，甚至浑身焦躁难以忍受。但是，所有的艰难困苦都不能阻挡玄奘前进的步伐。

到新疆时，高昌国王得知玄奘是个高僧，苦苦相留，可是玄奘决意西行。国王就派了一些可以吃苦耐劳的人护送玄奘去印度。途经帕米尔高原，大雪封山，道路中断，他们被迫驻留两个月。在翻越海拔七千多米的腾格里峰时，有几个护送随从被冻死在山上。但是这些都没能使玄奘失去信心。历经无数的磕磕绊绊，克服无数的艰难险阻，他们最终到达了印度。玄奘这次西行，历经 17 年之久，5 万里行程，途经 138 个国家，带回了佛教经典 526 箧，657 部。

玄奘的取经之路就如我们的人生之路，前进的道路上充满荆棘坎坷，到处磕磕绊绊，要想取得真经，只有自己信念如一、热情如一、努力如一、恒心如一。

[kuǐ lěi]

傀儡

木偶戏里的木偶人，也用来比喻受人操纵的人或者组织。

汉字风云会
有趣的汉字王国④

38

你知道吗？

"傀"有怪异的含义，《周礼·春官·大司乐》中说"凡日月食，四镇五岳崩，大傀异灾，诸侯薨"。意思是每遇上日食或月食，大山就会崩塌，诸侯就会死去，有很怪异的灾害。"儡"本义是指人容颜颓丧的样子。受人操纵的木偶不就是一副颓丧又怪异的样子吗？

举个例子

　　枚少爷穿着长袍马褂，听人指挥，举动呆板，衣服宽大，活像一个傀儡。

巴金《秋》

傀儡皇帝

1874 年，同治帝去世，慈禧太后为了能够名正言顺地掌握朝政，指定自家妹妹的儿子载湉为继承人。第二年，年仅 5 岁的载湉登基，为光绪帝。由于光绪帝还小，慈禧太后实行了垂帘听政。

光绪帝 16 岁时，已经具备了独立批阅奏章的能力，慈禧太后假装要让出政权，老臣们在朝堂上请求太后继续训政，并提出一切事情按照惯例，先请奏太后，再告知皇上。慈禧太后顺水推舟，接受了请求。光绪帝 17 岁时开始亲政，慈禧太后为了在归还政权后能更有效地控制光绪帝，在文武百官的安排上做了手脚，把效忠于自己的大臣都安排在朝堂上，并且要求光绪帝每日请安时，把朝中发生的大事汇报一遍，按她的意愿处理。

1898 年，光绪帝实行维新变法，许多顽固大臣只听太后一人的调遣，完全不把他放在眼里。光绪帝的反击行为触怒了慈禧太后，太后联合老臣从中阻挠，维新变法失败，慈禧太后宣布重新训政，把光绪帝囚禁在中南海瀛台。从此之后，光绪帝形同傀儡，在大臣上奏时常常一言不发。

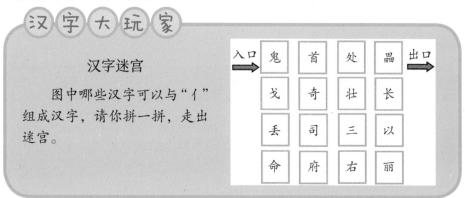

汉字大玩家

汉字迷宫

图中哪些汉字可以与"亻"组成汉字，请你拼一拼，走出迷宫。

入口	鬼	首	处	畾	出口
	戈	奇	壮	长	
	丢	司	三	以	
	命	府	右	丽	

【 kuāng zhèng 】

匡正

纠正，改正。

你知道吗？

    "匡"的古文字形 ，你们看，外形像不像一个盛东西的容器？所以"匡"本义是盛饭用的方形竹筐，再由此引申出方正、端正之义，如唐代玄奘《大唐西域记》："既相见已，匡坐高谈。"再如，"匡扶""匡佐""匡危"等词用的都是"匡正"之意。

西周　《说文》小篆　汉　　楷书

举个例子

    少年纨绔，贪黩（dú）骄奢，公时匡正之。

〔清〕昭梿《啸亭杂录·朱文正》

汉字风云会
有趣的汉字王国④

40

以匡正时弊为己任的应詹

应詹是东晋时期有名的将领。他品行端正，关心庶民百姓的疾苦，常常匡正时弊，提出利国利民的建议，是古代将领的楷模。

东晋建立初期，灭亡的西晋王朝留下了许多社会问题。当时连年战乱，民不聊生，而且国库空虚，朝廷无法给予百姓更多的帮助。为了匡正这些问题，稳固人心，应詹马上组织官兵和流民垦荒种田，兴修水利，修桥铺路，挖井引泉，开发荒蛮之地。这样既可治乱安民，减少国家开支，也促进了民族融合，造福一方百姓。应詹看到朝廷有些官员任人唯亲，新上任的官吏只想着谋私利，心里没有百姓，因此他认为朝廷的选拔升迁制度存在很大弊端，于是又提出凡用人失察或不当，举荐人应负举荐不当之责。皇帝也十分赞赏他的建议并积极采纳。此后，贪官污吏不再横行霸道，老百姓终于可以伸冤有道。应詹发觉人们轻视典籍，崇尚颓废之风，就提出应当尊崇儒学，革新风俗教化，倡导人们"置身名教，留心经世之学"。渐渐地，社会开始慢慢敦行儒教之风。

应詹为匡正时弊，提出的好建议还有很多，他为新生的东晋王朝兴国安邦立下赫赫功绩！

懵懂

糊涂，不明事理。

你知道吗？

"懵"，心迷乱的样子，又引申为昏昧无知的样子。"懵懂"的近义词有"懵然""懵昧""懵蔽""懵懵"。清末女诗人秋瑾《吊吴烈士樾》："可怜懵懵天竟瞽（gǔ），致使英雄志未伸。"老天竟然瞎了眼（瞽），如此昏昧无知。"懵"还可以组成"懵头转向""懵头懵脑"等四字词，都是形容头脑昏乱，糊里糊涂的。

举个例子

她转身就跪。直到撞到对面的竹篱巴了，她才懵懂地停下来。

沙汀《还乡记》

晋惠帝司马衷的笑话

　　晋惠帝司马衷是西晋第二位皇帝。他天生是一个榆木疙瘩，是历史上最有名的白痴皇帝。

　　有一年发生饥荒，百姓没有粮食吃，只有挖草根，食观音土，许多百姓因此活活饿死。消息被迅速报到了皇宫中，晋惠帝坐在高高的宝座上听完了大臣的奏报后，很不理解。但"善良"的晋惠帝很想为他的子民做点事情，经过冥思苦想后终于得出了一个"解决方案"，他说："百姓肚子饿没米饭吃，为什么不去吃肉粥呢？"大臣们听了，哭笑不得，百姓连饭都吃不上，哪里来的肉粥呢？

　　还有一次，晋惠帝在皇家花园玩耍，听到蛤蟆叫个不停，于是就问身边的侍从："蛤蟆是在为官家叫呢，还是为私家叫？"对这种莫名其妙的问题，侍从们早已司空见惯，知道如何糊弄皇帝。于是就有人回答："蛤蟆如果在官家地里叫，就是为官家而叫；蛤蟆如果在私家地里叫，就是为私家而叫。"晋惠帝听了，觉得有道理，感到很满意。

　　懵懂糊涂的晋惠帝做的傻事可不止这两件，因此，也有不少人称他为"白痴皇帝"。

[qīn pèi]

钦 佩

敬重佩服。钦，敬重。

你知道吗？

"佩"是会意字，它的古文字形，左边的上面是"人"，右边的上面表示环形玉饰，下面是"巾"，"巾"表示系在腰间的带子，整个字形的意思是指"人系在大带子上的玉饰"。后来引申作动词，表示佩戴。古人多有在腰间佩戴玉器的习惯，取"玉洁冰清"之意。渐渐地佩玉成为了君子的象征，由此慢慢引申出佩服、敬仰之义。

㿻—㿻—㿻—佩—佩

商　　西周　　《说文》小篆　　汉　　楷书

举个例子

宫保爱才若渴，兄弟实在钦佩的。

〔清〕刘鹗《老残游记》

有趣的汉字王国④

汉字风云会

44

巧使空城计，才智赢钦佩

三国时期，诸葛亮是蜀国的军师，素以善于指挥作战而著称。

有一次，魏国得知蜀国的战略要地西城兵力薄弱，就派大将司马懿率领十几万军队前去攻打。蜀国得知情报后，全国上下一片恐慌。诸葛亮苦思冥想，终于想出一条计策。他命令城内的平民和士兵全部撤出，然后大开城门，等候敌人的到来。司马懿不久便带兵包围了西城，但令他吃惊的是，本以为会戒备森严的西城却城门大开，城墙上也看不到一个守卫的士兵。正在他大惑不解的时候，他的老对手诸葛亮出现在城楼上。只见诸葛亮不慌不忙地在一架预先放好的古琴前坐下来，悠扬的琴声随即从城楼上传出。魏国的将士都愣住了，在大军围城的危急关头，蜀国的军师诸葛亮却弹起了琴，到底是怎么回事？面对这一切，司马懿觉得城里必定埋伏了大量兵马，急忙下令他的军队撤退。就这样，蜀国的西城没有用一兵一卒就得以保全。

诸葛亮的"空城计"展现了他智勇双全、沉着冷静的性格，令人钦佩。

[rè fū]

热敷

用热的湿毛巾、热沙或热水袋等放在身体的某个部位来治疗疾病。热敷能促进局部血液循环，加速炎症消退。

你知道吗？

　　"敷"最初的本义是施行、传布，比如《孔子家语·致思》有一句话说："愿得明王圣主辅相之，敷其五教，导之以礼乐。"意思是愿意辅佐明王圣主，传布施行五常伦理道德教育，倡导礼乐。后来从施行、传布引申出铺开、散布之义，比如宋代王安石《送吕望之》中的诗句："池散田田碧，台敷灼灼红。"描绘了一幅池塘里荷叶青翠，亭台四周遍布着鲜妍明媚的红花的美好景象。

举个例子

宝姑娘送来的药，我给二爷敷上了，比先好些了。

〔清〕曹雪芹《红楼梦》第三十四回

47

扁鹊见蔡桓公

春秋战国时期，有一天，扁鹊去见蔡桓公。他在旁边站了一会儿，对蔡桓公说："大王，您得病了。现在的病还在皮肤表层，得赶紧治疗。"蔡桓公不相信，摇摇头说："我没得病，不需要治疗。"扁鹊走后，蔡桓公对大臣说："这些医生，就是喜欢给没病的人治病，借此立功。"过了十天，扁鹊去看蔡桓公，急切地说："您的病已经发展到了肌肉，如果不治，还会加重。"蔡桓公把头一扭，极其不高兴。又过了十天，扁鹊看蔡桓公的气色越来越差，焦急地说："大王，您的病已经进入肠胃，不能再耽误了！"无奈，蔡桓公还是不信，扁鹊默默地离开了。

十天后，扁鹊看到蔡桓公，掉头就走。蔡桓公觉得奇怪，派使者去问。扁鹊回答道："生病不可怕，只要及时治疗，就会慢慢好起来。怕就怕有病不承认，不接受治疗。病在皮肤里，可以用热敷；病在肌肉里，可以用针灸；病在肠胃里，可以喝汤药。但是，现在大王的病已经深入骨髓，只能听天由命了，所以我不敢再请求为大王治病了。"

五天以后，蔡桓公浑身疼痛。他派人去请扁鹊，但是扁鹊已经逃到秦国去了。没过多久，蔡桓公就病死了。

[róu lìn]

蹂 躏

蹂躏、辗压，比喻用暴力去欺压、侮辱或侵害。

汉字风云会
有趣的汉字王国④

48

你知道吗？

"蹂"和"躏"的意思很接近，都和"足"有关系，表示用脚去踩踏。像"蹂躏"这样都是足字旁的字组成的词语还有很多，例如：腿脚不灵便、走路缓慢叫作"蹒跚"；小步徘徊叫作"蹀躞（dié xiè）"；犹豫不决叫作"踌躇"。

举个例子

百姓奔走相蹂躏，老弱号呼，长安中大乱。

《汉书·王商传》

王商止讹

王商是西汉时的大臣，他为人十分敦厚，因不满大将军王凤的专权，常常和他发生争执。

一年秋天，京城的百姓们十分恐慌，纷纷议论洪水要淹过来了。人们到处乱窜，相互蹂躏、踩踏，长安城大乱。当时的皇帝汉成帝得到消息后，立即召集大臣商量对策。

大将军王凤认为，如果大水来了，皇帝、太后以及后宫的妃子可以乘船先走，官吏和百姓们则登上长安城楼躲避大水。大臣们纷纷赞同王凤的意见，唯独左将军王商坚决反对。

王商说："现在天下太平，百姓和睦，社会和谐，怎么会无缘无故地突然发大水呢？这一定是谣言。在这危急时刻，如果您下令让百姓登上城楼躲避，反而会助长谣言，制造更大的混乱。"

汉成帝听了王商的话后，认为很有道理，于是消除了心中的恐慌。后来，城里果然没有发大水，谣言不攻自破。从此，汉成帝对王商更加信任了。

汉字大玩家

猜字谜

例：尘土飞扬——小（尘－土＝小），春末夏初——旦（"春末"为"日"，"夏初"为"一"，日＋一＝旦）。

你学会了吗？快来试试身手吧！

1. 要一半，扔一半。

2. 半江半帆心在底。

3. 一边记，一边忘。

[rèn shēn]

妊娠

人或动物母体内有胚胎发育成长；怀孕。

你知道吗？

　　宋代刘清之撰写的《戒子通录》是一部总结中国古代家庭教育的书。书里教导妇女怀孕时要特别注意饮食起居。比如，不用一只脚站立，不吃有异味的东西，食物切得不正不吃，席子放得不正不坐，眼睛不看邪僻的事物，耳朵不听浮靡颓废的声音。夜晚让乐官吟诵诗歌，讲述正人君子的事迹。这样生下的孩子必定相貌端庄，才智和品德都出类拔萃。这些教诲现在看来还是很科学的。

举个例子

　　故古者妇人妊娠，必慎所感，感于善则善，恶则恶矣。

〔晋〕张华《博物志》卷二

玄鸟生商

在中国古代传说中，简狄是个风华绝代的女子。因为生下了商族（商朝的先祖）的始祖——契，她被商族的后代至少顶礼膜拜了六百年。而最被后世津津乐道的，是简狄传奇的怀孕经历。

传说简狄成为帝喾（kù）最宠爱的妃子后，一直没有怀孕。有一年，帝喾带着她重游故乡有娀（sōng）。简狄的母亲见她这么久没有怀孕，心中十分焦急，就带她去女娲娘娘庙烧香求子。路过一个叫玄丘的地方时，简狄顽皮的妹妹建疵怂恿姐姐一起到山丘下的玄池去泡澡。姐妹二人正在洗浴的时候，忽然飞来一对燕子，竟在池中裸露的石头上下了一个鸟蛋。

这鸟蛋五彩缤纷，非常特别。简狄是个充满好奇心的女子，就伸手拿了鸟蛋想收藏，但是一时又不知道该放哪里，只好把它含在嘴里。谁知一不小心，那五色的鸟蛋竟被她吞下去了。当时简狄就觉得一股暖流，从喉头直达腹部，顿时浑身酥软。就这样，她忽然有了妊娠的感觉。

据说简狄吞卵所生的孩子，就是商朝始祖——契。

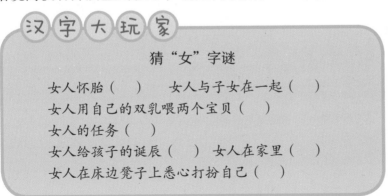

汉字大玩家

猜"女"字谜

女人怀胎（　　）　　女人与子女在一起（　　）

女人用自己的双乳喂两个宝贝（　　）

女人的任务（　　）

女人给孩子的诞辰（　　）　女人在家里（　　）

女人在床边凳子上悉心打扮自己（　　）

馊主意

不高明的办法。馊，饭菜变质发出酸臭味，引申为坏的，不高明的。

你知道吗？

"馊"是形声字，声旁"叟"。"叟"是会意字，古文字"叟"的字形像一只手拿着火把在屋子里，所以"叟"的造字本义其实是搜寻之义。后来"叟"字被借去表示年老的男人，人们又在"叟"旁加一个"手"（👋），于是有了"搜"这个字，用来表示"搜寻"之义。

𦥑—𡨄—叟
商 《说文》小篆 楷书

𢯱—𢱢—搜
商 《说文》小篆 楷书

举个例子

你快走吧，别给我出馊主意了！

魏巍 《东方》

截竿进城

鲁国有个人扛着一根又粗又长的毛竹进城。到了城门口，那个鲁国人先是把毛竹竖起来拿，城门不够高，毛竹被城门卡住了，不能进城。他又把毛竹横过来拿，城门不够宽，毛竹又被两边的城墙卡住了，还是不能进城。他折腾了半天，累得气喘吁吁，就是进不了城。

这时，有个白发苍苍的老人路过，嘲笑鲁国人愚笨，说："年轻人，我虽不是事事都懂，但这一大把年纪可不是白活的，你不妨听听我的意见。"鲁国人连忙向老人鞠躬作揖，说："您老多指教。"老人捋着白胡子得意地说："这事儿也简单，你只要把毛竹锯为两段再拿进去，不就行了吗？"鲁国人一听，觉得有理，高高兴兴地借了锯子，依照老人的建议把毛竹锯断。他拿着两截毛竹，果然方便地通过了城门。可这股高兴劲儿却没有维持多久，过了城门的鲁国人马上就发现锯断的毛竹卖不了好价钱。

鲁国人不仔细思考就接受别人的意见，连这种馊主意也言听计从，真是自讨苦吃。再看那个给别人出馊主意却扬扬得意的老者也是愚笨至极。他自个儿以为经验丰富，帮了别人的忙，实则是不懂变通，乱出主意。

[tū wù]

突兀

高耸的样子，也有突然发生、出乎意料之意。兀，高高地突起。

有趣的汉字王国④

汉字风云会

54

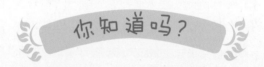

你知道吗？

"突"是会意字，古文字"突"的字形上半部分像一个洞穴，洞穴下面有一只犬，也就是狗，意思是狗从洞穴中突然窜出。

"突"字的演变过程：

圂—穾—突—突

战国　　汉　　汉　　楷书

举个例子

王东芝的突然回来，莫说他的妻子、女儿很惊异，就是他本人也不能不感到生活变化得实在突兀，环境变换得实在急速。

冯德英《苦菜花》第一章

神女峰的传说

55

在重庆市巫峡大江北岸，一根巨石突兀于青峰云霞之中，它的名字叫"神女峰"。关于神女峰，还有一个美丽的传说。

瑶姬是西王母的女儿，一天她和十一个姐妹偷下凡间，腾云驾雾，遨游四方。当姑娘们来到巫山时，恰巧遇到大禹在这里治理水患。当时大禹正被十二条兴风作浪的恶龙围困。恶龙使用法术阻挠大禹开山通水，大禹措手不及，焦头烂额。瑶姬敬佩大禹三过家门而不入的治水精神，哀怜背井离乡、倾家荡产的灾民。于是瑶姬将一本治水天书《上清宝经》送给大禹。瑶姬和众姐妹还成天奔波在巫山群峰之间，协助大禹将巫山炸开一条峡道，令洪水经巫峡从巴蜀境内流出，涌入大江，解除水患……久而久之，姐妹十二人爱上巫峡，便化成十二座奇秀绝美的峰峦耸立在巫峡两岸。

瑶姬幻化而成的神女峰是诸峰中位置最高的，每当云烟缭绕峰顶，那人形石柱像披上薄纱似的，更显脉脉含情，妩媚动人。神女峰吸引了历代无数文人墨客为其留下了灿若繁星的诗篇。屈原、李白、杜甫等大诗人都曾为其作诗，大家可以找来读一读。

提携

"提携"的字面意思是牵扶、携带，引申为提拔，常用来指在事业上对别人的帮助。

你知道吗？

"携"的偏旁是提手旁（"扌"），就是说要用手把东西提起来，"携"的本义就是"提"。你看，原来它们俩是一个意思呢！"提携"在古代还指一种腰带上的挂扣，就像现在的皮带扣。它最早出现在唐代，在两宋时期达到繁盛。清代以后，在制作上误入歧途，导致没有留下什么珍贵的提携。

 举 个 例 子

七爷若有心提携她，我敢赌一个手指，说她会成当代女诗人！

沈从文《王谢子弟》

骁勇善战薛仁贵

薛仁贵少年时家境贫寒，地位卑微，以种田为生。后来，皇帝来到辽东招募将领。薛仁贵的妻子就鼓励他去参加，希望他能立功扬名。考虑之后薛仁贵决定去应征。

贞观十九年，唐太宗李世民出征高句（gōu）丽（lí），在战场上，唐朝将领刘君邛（qióng）被敌军团团围困，无法脱身。在这危难的时刻，薛仁贵单枪匹马挺身而出，直取高句丽一位将领的人头，把它挂在马上，高句丽军看了心惊胆战，马上撤军，刘君邛因此被救。这次战争使得薛仁贵开始崭露头角。同年六月，薛仁贵在唐军对战高句丽二十五万大军时更是骁勇善战，最终唐军大胜高句丽军。战后，李世民召见当时还只是小兵的薛仁贵，赐马二匹，绢四十匹，奴隶十人，并任命为将军。后来因为薛仁贵战功赫赫，李世民对他大加赞赏："每次想提拔骁勇的将领，都发现没有比得上你的。"并再次提拔薛仁贵为右领军中郎将，镇守玄武门。薛仁贵凭借自己的实力，得到唐太宗李世民的提携，从一介平民变为大将军。

汉字大玩家

像"提携"这样由意思相近又是同偏旁的两个字组成的词语还有很多呢！下面是哪四个词你都知道吗？

1. 表示在一个地方来回走动，或比喻犹豫不决。（提示：彳）

2. 形容道路凹凸不平，或者指事情不顺利、不称心。（提示：土）

3. 指贴着地面爬行。（提示：勹）

4. 小声地说话。（提示：口）

【 tiě chǔ 】

铁杵

舂（chōng）米或捣衣的铁棒。

你知道吗？

　　"杵"的本义是舂米的木棒。你可能不知道，一开始的时候，是用"午"字表示木棒的。"午"的古文字形 ，是不是很像一根木棍的样子？后来，"午"字被借去表示时间，所以，人们在"午"字旁边加"木"字，造出"杵"字表示木棒之义。

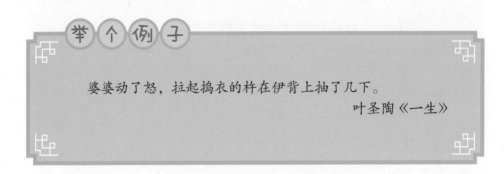

举个例子

　　婆婆动了怒，拉起捣衣的杵在伊背上抽了几下。

叶圣陶《一生》

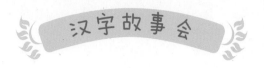

只要功夫深，铁杵磨成针

59

　　唐代大诗人李白，小的时候很贪玩。那些经史子集的书不好学，李白学起来很困难，就经常偷偷跑出学堂去玩。

　　有一天，李白趁老师不在，悄悄溜出门去。他跑到一条小河边，看见一位白发苍苍的老婆婆蹲在小河边的一块磨石旁，一下一下地磨着一根铁棒。李白很纳闷，来到老婆婆身边，好奇地问道："老婆婆，您磨铁杵做什么？""我在把它磨成一根绣花针。"老奶奶边磨边回答。"绣花针？"李白以为自己听错了，吃惊地问："铁杵这么粗大，怎么能磨成针呢？"老婆婆抬起头，停下手，笑呵呵地对李白说："孩子，铁棒虽粗，只要天天磨，总能越磨越细，总有一天，我会成功的。"

　　聪明的李白听后，恍然大悟：做什么事情只要持之以恒，再大的困难都能克服。他想到自己在学习中遇到一点小困难就退缩，心中惭愧。李白转身跑回了学堂。从此，他牢记"只要功夫深，铁杵磨成针"的道理，发奋读书，终于成为著名的诗人。

　　　　树旁站头牛，有尾不露头。（打一字）

小 憩

短时间的休息。

你知道吗？

"小"在甲骨文的时候写做 ，这些竖点像细微的沙粒，表示物体的微小，后来又引申出时间短的意思。除了"小憩"之外，还有很多用"小"字组成的词语也是取其"短暂"的含义。

外出游玩劳累时，"小坐"片刻，歇歇脚；到许久未见的熟人家做客时，我们可以"小住"几日；新婚的小夫妻恩恩爱爱，却因为工作需要不得不面对"小别"……

举 个 例 子

我想靠着马背小憩一会，我实在太疲劳了。

《花城》1981 年第 5 期

文帝孝母

俗话说:"百善孝为先。"在中国源远流长的历史文化中,留下了许多关于"孝"的动人故事。

汉文帝刘恒,以仁孝闻名天下。他八岁的时候,被封为代王,去了自己的封地,离开了母亲。后来经过当时掌握实权的吕后的同意,母亲薄氏得以去封地和儿子团聚。母亲来了之后,刘恒尽心侍奉母亲,从不懈怠。

有一次,薄氏身患重病,刘恒就找来了当地最有名的医生,买了最名贵的药材为母亲治病。但是,母亲这一病就是三年。这三年中,刘恒天天亲自为母亲煎药,煎好药之后,他亲自把药吹凉,试过之后再喂给母亲喝。他还衣不解带,日夜守在母亲床前,在母亲睡着了以后,他才会趴在床边小憩一会儿。后来,母亲的病终于好了,而刘恒却因为操劳过度而累倒了⋯⋯

刘恒当上皇帝之后,做的第一件事就是把母亲接到皇城,颐养天年。

"孝"的古文字形,像一个小孩子搀扶着老人。请你也试着写一写吧?

[xià tà]

下榻

"下榻"本义是指放下榻准备睡觉，即客人来家中住宿，现指客人住宿。

有趣的汉字王国④
汉字风云会

你知道吗？

"榻"字形旁是"木"，表示用木头制成。榻是一种低矮、狭长的床。汉代乐府诗《孔雀东南飞》中"移我琉璃榻，出置前窗下"中的"榻"就是这样的用具。榻是中国最古老的家具之一，既可以当坐具，也可以当卧具。平时可将其搁置在墙上，用时才放下来，所以有了"下榻"一词且沿用至今。

举个例子

我们下榻的旅馆又恰恰面临着大洋，日里夜里，耳边上总是响着一片风涛的声音。

杨朔《东风第一枝·两洋潮水》

下榻留宾心至诚

　　东汉时，南昌有位太守叫陈蕃，他为人正直，对有才能的人非常重视。当时南昌有位名士叫徐稚，字孺子。他家境清贫，常常须自己耕作。但是，徐稚满腹诗书经纶，名闻南州。地方上也多次向朝廷举荐他。朝廷屡次征召他，让他做官，他都因官场腐败，不愿同流合污，而坚决推辞。徐孺子在民间开坛讲学，当地尊称他为"南州高士"。

　　陈蕃到南昌任太守时，听说了徐稚的情况，十分敬重他，亲自去拜访他，想请他到府衙任职。徐稚拒绝了陈蕃的邀请，但是觉得陈蕃是个品行高洁之人，有共同语言，值得结交，所以经常去陈蕃住处谈论学问。徐稚来时，陈蕃热情相待，并在家里专门为徐稚设了一张榻。徐稚一来，他就把榻放下来，让徐稚住宿，以便作长夜之谈。徐稚一走，他就把这张榻悬挂起来。

　　后来人们便把陈蕃的这种做法称为"下榻"，表示对贤者、贵客的尊重，"下榻"因此也成了礼贤下士的代称。现在，人们把留客住宿称为"下榻"，"下榻"成为招待宾客的礼仪用语。

徇私

为了私利而做不合法的或错误的事。

你知道吗？

"徇"本义为巡视、巡行。在古代汉语中，"徇"和"巡"发音相同，经常可以通用。"徇私"中的"徇"，用的是引申义谋求、曲从的意思。比如《史记·项羽本纪》："今不恤士卒而徇其私，非社稷之臣。"请注意哦，"徇"读作xùn，不能读作xún。

举个例子

秉公办事得天下，徇私舞弊失天下。

〔战国〕吕不韦《吕氏春秋》

65

唐太宗不徇私

唐太宗李世民在位期间励精图治，知人善任，从谏如流，使唐朝进入了盛世，史称"贞观之治"。到现在还流传着许多有关李世民的故事，其中就有一个赞颂他不徇私的故事。

一次，濮（pú）州刺史庞相寿因为贪污而被罢免了职务，心有不甘，于是就上书给唐太宗说："我在您还是秦王时就跟随您，为您处理各种事情，如今我一时糊涂，犯了错，请您再给我一次机会。"唐太宗顾念旧情，就想不追究了。

大臣魏徵知道了这件事，就进谏说："过去秦王身边的人，在宫内宫外的都很多，恐怕人人都想依仗与您的私情而不顾法度，这会使天下百姓以及想劝谏的人感到心寒。"唐太宗听了魏徵的劝谏，觉得很有道理，就接受了意见。他对庞相寿说："我之前做秦王，只是一个府第的当家；现在做了皇上，是四海的君主啊，要为天下人做表率，不能对旧朋友徇私。而且大臣们都坚持这个观点，我怎么敢违背！"于是就赐给庞相寿一些丝织品，打发他走了。

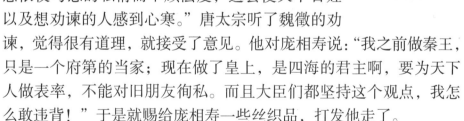

"旬"字除了和双人旁组成"徇"字，还可以与什么偏旁组成字？请你想一想，写下来并组词。

_____ _____

[xū yú]

须臾

片刻，极短的时间。

66

你知道吗？

"须"是象形字，你看它最初的字形像不像一个人的脸上长了胡须？

"须"字的演变过程：

西周　　西周　《说文》小篆　楷书　　楷书

举个例子

这颜色须臾万变，而银灰，而鱼肚白，倏然间又转成灿然的黄金。

冰心《寄小读者》二九

忍死须臾待杜根

67

　　延平元年（106 年），汉殇帝不幸早夭。邓太后拥立刚满 13 岁的刘祜为帝，他就是历史上的汉安帝。

　　因为刘祜年纪小，邓太后把持朝政，对此，不少朝臣官僚们很不满意。永宁元年 (120 年)，汉安帝已经二十六岁，郎中杜根上奏太后，说汉安帝已经成年，应该独立处理政务。邓太后听了很生气，派人把杜根抓起来，装进大袋子里，放在宫殿上扑打，至死为止，然后抛尸城外。执法的人知道杜根是为了国家而遭到祸害，私下吩咐行刑时不要用力。事后杜根被扔到城外，慢慢苏醒过来。这时，邓太后又派人前来查验，因此杜根就在那里装死三天，眼睛里都长出了蛆虫，最后瞒过邓太后，终于逃脱。邓太后死后，杜根又复官为侍御史。

　　近代诗人谭嗣同在狱中题壁诗中有"望门投止思张俭，忍死须臾待杜根"的诗句，意思是望门投宿时别忘了东汉张俭的故事，忍死求生的时刻心里要装着东汉杜根的遭遇。

汉字大玩家

　　须臾与现代时间单位的换算：

　　根据印度早期佛教律条《僧祇律》中记载，二十念为一瞬，二十瞬为一弹指，二十弹指为一罗预，二十罗预为一须臾，一日一夜 24 小时为三十须臾，所以一须臾为 0.8 小时，也就是 48 分钟。

[yāo he]

吆 喝

大声喊叫，多指叫卖东西、赶牲口、呼唤、呵斥等。

你知道吗？

喝，有两种读音。表示饮用，读"hē"，如"喝水""喝闷酒""喝西北风"；表示大声喊叫，读"hè"，如"吆五喝六""喝彩""喝问""大喝一声"。

举个例子

从吆喝来说，我更喜欢卖硬面饽饽的：声音厚实，词儿朴素，就一声"硬面——饽饽"，光宣布卖的是什么，一点也不吹嘘什么。

萧乾《北京城杂忆》

汉字故事会

最迷人的乡音

　　萧乾是我国著名作家，也是二战期间西欧战场上唯一的中国战地记者。经历过战争的洗礼，看遍人生的风景，晚年的他勤奋笔耕，用文字留下他的人生感悟。

　　小时候，萧乾住在老北京胡同里，这里一年四季，叫卖的吆喝声总是从早到晚，从不停歇。从大清早卖早点的："大米粥呀，油炸果（鬼）的！"到深夜的夜宵："馄饨喂——开锅！"期间，卖菜、卖花、卖各种货品的吆喝声不绝于耳。小萧乾和同伴们也不免隔着围墙学着吆喝，再一溜烟笑呵呵地跑开。

　　在这儿，四季叫卖的货品也自然不同。最吸引小孩儿的要数春天卖蛤蟆骨朵儿（编者注：一种民间风味小吃）的，夏天卖西瓜和碎冰制成的雪花酪的，秋天吆喝"喝了蜜的大柿子"的，以及冬天那声声"葫芦儿——刚蘸得"……童年的萧乾只要兜里有几个钱，一听"烤白薯哇真热乎"，就非要买上一块儿不可，不仅可以取暖，还可以大嚼一通。

　　老北京在他的回忆里是蕴含浓浓情趣的，那一声声吆喝就是最迷人的乡音。他将这些乡音一一采撷，写成了一篇著名的散文——《吆喝》。

小链接

　　京味十足的老北京吆喝是北京市的传统民俗文化之一。老北京的吆喝叫卖突出了北方语系的特点，大量运用儿化音，连音连字一气呵成，吆喝出来字正腔圆，曲调或优美，或诙谐，既要让人听得清楚，又要透出优雅，不能招人烦。充满韵味的老北京吆喝声，在历史变迁中已然远去，但它还回荡在许多人怀旧的梦里。

[yǔ lǚ]

伛偻

腰背弯曲。

你知道吗？

"伛偻"是叠韵联绵词。《庄子·列御寇》："(正考父)一命而伛(曲背)，再命而偻(弯腰)，三命而俯，循墙而走，亦莫余敢侮！"意思是说，正考父曾经三次被国君任命为上卿，每一次都是诚惶诚恐。第一次是弯腰受命，第二次是鞠躬受命，第三次是俯下身子受命。平时总是顺着墙根儿走路，生怕别人说他傲慢。

举个例子

忽然从横路里转出一个伛偻的老太婆来，她两手搬着一块大东西。

丰子恺《东京某晚的事》

伛偻捕蝉人

一次，孔子和学生看到一个驼背老人在捕蝉，就像在地上捡蝉一样容易。便问："您捕蝉真灵巧啊！有什么诀窍吗？"驼背老人答道："我的诀窍练习了五六个月。一开始捕蝉的时候，我在竿头上放两个泥球，这两个泥球不掉下来了，再去粘蝉，失手的概率就很小；后来我在竿头上放三个泥球，不掉下来后再去粘蝉，失手的机会降到十分之一；再后来我在竿头上放五个泥球，这五个泥球都不掉下来后，再去粘蝉，就像在地上捡起一样容易。粘蝉时，我站得笔直，像没有知觉的树桩，举着的手臂像枯树枝。天地再大，万物再多，我就只知道有蝉。我不回头不转身，不因周围的事物而改变对蝉的注意，怎么会得不到蝉呢？"孔子回头对学生们说："运用注意力不分散，就是高度凝聚精神，说的就是这位伛偻之人吧！"

这个故事告诉我们一个道理：只要我们心无旁骛地做一件事，就能够达到出神入化的境地。

小链接

叠韵联绵词，指的是组成词的这两个字的音节的韵母是相同的，而且这两个字不能拆开来单独解释字义。比如"伛偻"，韵母都是 ü；"徘徊"，韵母都是 ai；"彷徨"，韵母都是 ang。

【 yǎo shuǐ 】

水

用瓢、勺或杯子等容器取水。

你知道吗？

"舀"是会意字，你看它的上半部分就像一只手的形状，下半部分像一口米缸，整个字形的意思是人伸手从米缸里掏米。

战国　《说文》小篆　楷书

举个例子

黛玉道："别理他，你先给我舀水去罢。"

〔清〕曹雪芹《红楼梦》

箪（dān）食瓢饮

众所周知，中国著名的大思想家、大教育家孔子，一辈子收了三千弟子。在这些弟子中，有七十二人最为出名，而在这七十二人中，颜回是最得孔子喜爱和器重的。可以说，颜回是孔子最得意的门生。

颜回对孔子非常敬重，只要孔子给他指出什么错误，他都立刻改正，从不再犯。孔子认为，颜回是自己所有学生中德行最好的。因此，他常以颜回的言行为典范，来教育其他弟子。

有一次，孔子问颜回："颜回啊，你家里这么穷，房子又那么小，为什么不去求个一官半职来改善生活呢？"

颜回说："我虽然穷，但够吃够穿，况且，我只想拥有像老师您那样的道德学问，我又为什么要去做官呢？"

听了颜回的话，孔子十分感慨，便对其他学生说："颜回住在简陋的小巷子里，饿了，用竹器盛饭吃；渴了，用木瓢舀水喝。别人都忍受不了这样清贫的生活，但颜回依旧过得很快乐，他可真是个贤德的人啊！"（编者注：箪，是古代盛饭用的圆形竹器。）

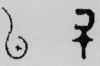

古人云："酒逢知己千杯少。"那么古人使用什么工具来舀酒呢？当然是"斗"和"勺"啦。猜一猜：下面哪个是"斗"，哪个是"勺"？

有条不紊

说话或做事情有条理，有次序，一点儿也不乱。

你知道吗？

紊，形旁"糸"，声旁"文"。"糸"是象形字，古文字形写做 ，也写做，像一束丝的形状，所以"糸"指的是细丝。"紊"字的意思是"乱"，没有条理和秩序，就像一团乱了的丝线一样。

商　　《说文》小篆　　楷书

举 个 例 子

敌情紧急，可是他还是按部就班，有条不紊地安排他的工作。

梁斌《播火记》四十

盘庚安民

商朝初期，国都原定于黄河的北岸，经常遭受水灾。殷帝盘庚（gēng）为避免水灾，让老百姓过上安定的生活，决心把国都迁到黄河以南的殷地去。然而这一举措，却引起了臣民的不悦，大多数贵族贪图安逸，都不愿意搬迁，而百姓们也担心从北迁到南会有诸多不便。

就在这时，盘庚安抚民心说："开国以来，先王已经迁都五次了，我如今决定再迁都，也是为了我们的国家。如果迁都计划不完善，会给你们造成损失，所以你们就更要做到像结成网的大绳那样有条不紊，听从我的命令。"百姓们听了盘庚的训诫，都回家收拾行李。早在先前，盘庚就和大臣们商量了上路时人员编队的问题，安排了每支队伍的领队，有关人员也明确了自己应该负责哪些物品，还考虑了途中可能会遇到什么问题，应该采取怎样的紧急措施来应对。迁都过程中，百姓们积极配合，听盘庚指挥，一家挨着一家，不插队不变速，有序地排队行进。路途虽远，但百姓们最终都安全有序地搬迁到了殷地。

【 yōng zhǒng 】

臃肿

过度肥胖或衣服穿得过多过厚而显得肥胖，转动不灵；也指机构庞大，调度不灵。

你知道吗？

"臃肿"是一个联绵词，两个音节的韵母相同，所以属于叠韵联绵词。"臃"和"肿"都是形声字，最早的意思都指毒疮。现在人们更多地使用"臃肿"的引申义：形容身体或衣着过分肥大，转动不灵。

 举个例子

他两臂直伸着，头面埋在青棉的大风帽之内，臃肿得像一只风筝！

冰心《分》

一只臃肿的茧虫

从前，有一个人得到了一只蝴蝶茧。他欣喜若狂，每天去看这只茧并悉心照料它，希望看到这只蝴蝶茧蜕变成一只美丽的紫色蝴蝶。

一天，茧的皮被咬破了一个小口，茧虫在里面一扭一扭，使劲地挣扎着，看起来十分痛苦。茧虫折腾了好几个小时，完全筋疲力尽，也没能从茧中出来。这个人看到这一幕后，心急如焚，他决定帮茧虫一把。于是他轻轻地用手把茧皮的口弄大了一点，小蝴蝶一下子便从茧里爬了出来。然而这只蝴蝶并没有如这个人期望的那样展翅飞翔，它战战兢兢地拉动着一对皱巴巴的翅膀，身体一抽一缩地蠕动，缩在一起，好像一只臃肿的小虫。任这个人怎么拼命呼唤，这只小蝴蝶始终没有飞起来。

此后，这只可怜的蝴蝶，带着那对紫色的萎缩的翅膀和一个肿胀的身体，一直在哆嗦地蠕动着。不久，便死掉了。

这个善良的人，好心却办了坏事，因为他不了解蝴蝶挣扎着破茧而出的过程是在为自身的生长积聚力量。

抓阄

每人从预先做好记号的纸卷或纸团中摸取一个，以决定谁该得什么或做什么。也说拈阄。

你知道吗？

你可能不太熟悉"抓阄"，但一定知道"抽签"吧？体育赛事上常通过抽签的方式来决定比赛双方。"抽签"是书面语，"抓阄"是口头语。"阄"，门字框里一个"龟"字。"龟"是象形字，它在甲骨文中，龟的头、脚以及龟壳的纹路都有表现，就像画了一只乌龟一样。

| 商 古文 | 战国 | 《说文》小篆 | 《说文》 | 汉 | 楷书 | 楷书 |

举个例子

这样吧，你们来抓阄，谁抓到我手里短的草茎谁就做牛倌儿。

张欣《抓阄》

"抓阄"当上的皇帝

古代当上皇帝者，大多或靠自己打下江山，或凭父子、兄弟相承，可有这么一位皇帝，却是靠抓阄得来的，真是不可思议啊。

西汉末年，农民起义军揭竿而起，推翻了篡夺西汉政权而建的王莽朝廷。其中的赤眉军领袖很有头脑，他知道百姓心向大汉，因此找来三位刘姓汉室宗亲，企图选他们中的一位当傀儡皇帝。

选谁当皇帝呢？用抓阄来决定，那位叫刘盆子的宗亲很"幸运"地抓到了皇帝之位。当时年方十五的刘盆子手里还拿着放牛鞭，他被台下高呼"万岁"的众大臣直接吓哭了，哭喊着要回家放牛去，可命运的变化使得他只能跟着赤眉军南征北战。后来，由于赤眉军连年征战，兵困马乏，又遇上饥荒，被东汉开国皇帝刘秀击败。赤眉军领袖先投降后叛变，最后被斩杀。

刘盆子终究不是靠实力坐上帝位的，当了两年皇帝就被赶下帝位。刘秀怜他与自己同是汉室宗亲，给了许多赏赐，还让他做了"郎中"的官，得以安享晚年，而这才是他最大的幸运。

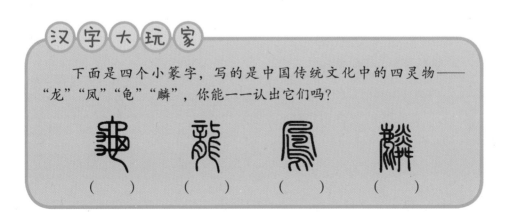

下面是四个小篆字，写的是中国传统文化中的四灵物——"龙""凤""龟""麟"，你能一一认出它们吗？

（　　）　　　（　　）　　　（　　）　　　（　　）

造孽

佛教用语，指前世做坏事今生受报应，现在做坏事将来要受报应。泛指干坏事。

你知道吗？

"孽"的篆文，下面的 ♀ 是"子"字，是形旁。"孽"的本义是庶子，即姬妾所生的孩子，不是正妻生的，因此地位低下。古人崇尚正统，旁出的往往有贬义。所以"孽"字后来引申为忤逆不孝、坏事或者罪过等意思。

举个例子

古人云："若要有前程，莫做没前程。"你既上界违法，今又不改凶心，伤生造孽，却不是二罪俱罚？

〔明〕吴承恩《西游记》第八回

恶贯满盈的商纣王

商朝末年，商纣王荒淫残暴，致使民怨沸腾，就连诸侯们也认为他不像一个治国之君。朝中大臣三番五次劝他修仁政，为了堵塞言路，商纣王制定了酷刑。只要发现百姓和大臣们对他稍有不满，不是割其鼻子、斩断四肢，就是残忍地行炮烙之刑，把人烙得皮焦肉糊而死。为了看人肚里的胎儿是什么样的，就让人剖开孕妇的肚子，让母子俩丧命。纣王的倒行逆施使老百姓怨气冲天，都说他比坏到头顶流脓、脚底生疮的人更坏。

当时有一个诸侯叫姬昌，他主张实施仁政，反对纣王的暴政，纣王便把他抓了起来。后来他的儿子姬发即位，联合各诸侯共同讨伐纣王。姬发对全军发表誓言，列举纣王的种种罪行，说他所做的坏事已经到头了，罪大恶极，连老天都授意要消灭他，号召大家齐心协力，为民除害。他率领大军渡过黄河，向商都朝歌进发，这队仁义之师获得百姓的大力支持。结果纣王打了大败仗，最后自焚而死，商朝也灭亡了。

自作孽不可活——这就是商纣王造孽的下场！

"孽"字的演变过程：

$$\text{辥} \longrightarrow \text{辥} \longrightarrow \text{孽}$$

《说文》小篆　　汉　　　楷书

试着动笔写一写"孽"字的篆文吧！

[zhǐ niǎn]

纸 捻

用纸条搓成的像细绳的东西。也叫纸捻子。

你知道吗？

造纸术是我国古代四大发明之一。在纸张诞生之前，人们大多在竹简上进行书写，后来，东汉的蔡伦用树皮、破旧的丝织物、渔网等材料制作成了纸。破旧的丝织物是纸的原材料之一，所以"纸"用绞丝旁（纟）作为它的形旁。

举个例子

李应替他捻着纸捻，他坐起来一气吸了几袋烟。

老舍《老张的哲学》

纸捻照出的状元

古时候，考生们参加殿试，是不允许点灯的，必须在天黑之前交卷。要是天黑了还没写完，监考官就会强行将试卷抽走。据史书记载，有一个考生例外，他是谁呢？

话说光绪乙丑年殿试时，广西临桂县的张建勋恰恰在天色渐渐变黑了的时候还没写完卷子，当时保和殿里光线已经很暗，他把桌子移到窗户下继续书写。这时，其他考生都交卷了。其中一位监考大臣认为张建勋应该交卷，再不交就要直接抽走试卷。不过，这位大臣的建议没得到主考官的认可。主考官看

到张建勋全神贯注答题，又看到他字迹隽秀，断定他是一个勤奋刻苦的学子，心生怜爱，就站在他身旁安慰道："不要焦急。我有烟，所用的纸捻烧得不快，但只有两支了，我点着纸捻照着你写。"

说完，主考官把第一支纸捻点燃，张建勋赶紧埋头书写。就在第二支纸捻燃尽的时候，张建勋写完了最后一行字。张建勋向主考官道了谢，把卷子交给考官。到揭榜时，张建勋果然被钦点为状元。

[zhào lí]

笊篱

用金属丝、竹篾（miè）或柳条等制成的能漏水的用具，有长柄，用来捞东西。

你知道吗？

笊篱是一种发源于中国的传统的烹饪器具，用竹篾、柳条、铁丝等编成。笊网形状酷似蜘蛛网，像漏勺一样，有眼儿，烹饪时，用来捞取食物，使被捞的食品与汤、油分离。主要用于捞饺子、捞面等。

举个例子

一排留宿的小店，没有名号，只有标记，有的门口挂着一只笊篱，有的窗口放着一对笊篱。

李健吾《雨中登泰山》

笊篱姑姑

85

笊篱姑姑的故事源自满族的民间传说。

笊篱姑姑原是一位勤劳善良、聪明伶俐的村姑。一天，她在河边用笊篱洗菜，猛一抬头，看见远处有一帮人马，正追赶一位俊美少年。少年走投无路之际，突然发现有个洗菜的姑娘，急忙上前，请求相救。为了救人，情急之下，村姑将红头绳拴在笊篱上，放在水里。奇迹出现了，笊篱居然变成一叶扁舟。少年踏上小船，笊篱变成的小船也真听话，顺水漂到对岸，搭救了这位不速之客。

村姑长得漂亮动人，被邻村恶霸家的一个少东家撞见，非要娶她为妾，被她严词拒绝。这恶少不肯善罢甘休，就纠集一伙恶棍上门抢亲。她知道在劫难逃，便撞死在家中的门框上。

被追赶的那位少年后来成了名声显赫的清太祖努尔哈赤。他建立后金后，突然想起曾经用笊篱救自己的那个村姑，当时时间仓促，没来得及求问姓名。努尔哈赤做皇帝后，就学汉人的做法封笊篱姑姑做了神，尊称为"笊篱姑姑女神"。

【 bié jiǎo 】

蹩脚

质量不好；本领不强。

你知道吗？

　　"蹩"字最初的意思是腿脚有毛病。它的上半部分是"敝"字，"敝"是会意字。甲骨文"敝"字，右边像一只手拿着一根木棍，左边的"巾"是一块布，布上的点表示破碎的布屑。整个字形的意思是手持木棍抽打一块布，因此"敝"指破旧的衣服，后来引申出破旧衰败之义。你看，"敝"+"足"就是脚不好，不就是"蹩"的意思了吗？

　　　　　　　　　　　　　　　　　　　　敝—敝—敝—敝

　　商　　　　战国　　《说文》小篆　楷书

举个例子

　　也许明天高松年不认我这个蹩脚教授。

　　　　　　　　　　　　　　　　　　　　钱锺书《围城》

蹩脚的小提琴手　伟大的物理学家

曾经有一位少年梦想成为像帕格尼尼那样的小提琴演奏家。

他一有空就练琴，但那咯吱咯吱的声响始终不成旋律。早晨，他拉开窗帘，对着花园练得如痴如醉，小鸟们一惊，张开翅膀飞走了；晚上，他对着月光投入地拉着，邻居们伸出头来，警告少年不要打扰他们休息。就连他的父母也觉得，这个可怜的孩子拉得实在太蹩脚了。

有一天，少年去请教一位老琴师。少年拉了一首帕格尼尼的曲子，拉得是破绽百出。琴师问他：“孩子，你为什么要拉琴？”

“我想成功，成为像帕格尼尼那样伟大的小提琴家。”

“你快乐吗？”

“我非常快乐！”

“孩子，你非常快乐，说明你已经成功了，在我看来，快乐本身就是成功。”

少年听了琴师的话，深受触动，从此只把练琴当成一件快乐的事情，不刻意追求成功。他一生都在拉小提琴，一直拉得十分蹩脚，但他非常快乐。

这位少年，就是伟大的物理学家——爱因斯坦。

【 cén jì 】

岑寂

寂静，寂寞。

汉字风云会

有趣的汉字王国④

88

你知道吗？

"岑"的本义是指小而高的山，泛指山。后引申为"高"，比如《孟子·告子下》："方寸之木，可使高于岑楼。"又引申出山顶之义，比如晋代陆机《猛虎行》："静言幽谷底，长啸高山岑。""岑"字的"山"旁原来是写在下面的，它的演变过程如下：

秦　　　汉　　《说文》小篆　楷书

《语丝》我仍旧爱看，还是他能够破破我的岑寂。

鲁迅《而已集·通信》

湖心亭看雪

　　张岱是明末清初有名的文学家。有一年，他住在杭州西湖边，那时正是冬天，杭州城一连下了三天大雪。

　　那天晚上，湖边一片岑寂，行人、飞鸟的声音全都消失了。张岱穿着细毛皮衣，带上火炉，坐小船前往西湖上的湖心亭欣赏雪景。从小船上放眼望去，江上弥漫着一层白白的冰花，天、云、山、水全都变成了白茫茫的一片。湖面上的影子，只有一道长堤淡淡的痕迹、一点湖心亭的轮廓、这艘小船以及船中的两三人而已。

　　到了湖心亭上，张岱看见有两个人铺着毡席相对而坐，旁边有一个小书童在烧酒，酒炉中的酒正在沸腾着。

　　那两个人看见张岱，十分惊喜地说："想不到在湖中还能遇见您这样有闲情雅致的人。"说着，他们便拉着张岱一同喝酒。

　　张岱痛饮了三大杯酒后，就起身和他们告别。等到下船的时候，船夫喃喃地对张岱说："不要说相公您痴，还有比您更痴的人啊！"

[fēng guāng yǐ nǐ]

风光旖旎

景色柔和美好。

你知道吗？

"旖旎"，两个字都含有"⿰"这个部分，"⿰"即"㫃"字，让我们来认识一下"㫃"字吧。它的古文字形像旌旗飘扬的样子，但是"㫃"这个字后来不再被人使用了，只作为其他字的形旁保留下来。以"㫃"为形旁的字，多半都和旗帜有关。"旖旎"最初的意思是旌旗随风飘扬的样子，从而引申出柔顺、柔和之义。

商	西周	战国	《说文》小篆	楷书

举个例子

人们怎能不热爱这个风光旖旎的南国花市，怎能不从这个盛大的花市享受着生活的温馨呢！

秦牧《花市》

大观园剪花赏元宵

快到元宵佳节了，宝钗想起探春要赏花灯，便叫大家伙儿一起策划准备，好热热闹闹地过一个元宵！

史湘云一听，连忙提议："我们可以从沁芳亭布置到荇（xìng）叶渚（zhǔ）柳堤一带，再一边坐着船，一边欣赏花树上的灯光。"李纨也提议："那些亭阁楼台，以及桥上船上，也得有各色的灯彩配配景。"于是大家马上忙活起来了，有的剪彩绸，有的画花瓣，有的剪搓花心，还有的上树挂玻璃小灯……

终于到了元宵节，大家沿着沁芳亭赏景，一路上各色壁灯、挂灯、风灯，通明如昼。树上都挂着小小的玻璃灯，远远看去如同一片繁星。等主人和丫头们都到齐了，大家便上船了。小船在湖中慢慢前行，两岸繁花密叶，水月交辉，金波四射，楼台亭榭处处都有灯光花影。荇叶渚长堤上，手工剪成的嫩绿青黄的细叶和浅红淡白的小花点缀在那一带的柳树上，十分娇艳。此时，史湘云叫人吹弹了几首曲子，如此美景伴随着悠扬的琴声，真是说不尽的风光旖旎啊！大观园里荡漾着一片欢声笑语！

小链接

旄（máo）：用牦牛尾巴做装饰的旗子。

旆（pèi）：古时旌旗末端像燕尾形状的飘带。

旟（yú）：古代进兵时所用的军旗，上面画着鸟隼。

旐（zhào）：古代一种军旗，上面画着龟蛇。

旒（liú）：古代旌旗下边或边缘上悬垂的装饰品。

【 guāng fēng jì yuè 】

光 风 霁 月

雨过天晴时风清月明的景象，比喻开阔的胸襟和坦白的心地，也比喻太平清明的政治局面。

你知道吗？

"霁"的本义是雨止，即雨停的意思。后来由雨止引申为雨雪停，云雾散，天气放晴，如"大雪初霁"，形容的就是雪停之后天空晴朗、万物明亮美好的景象。看到"霁"的雨字头，它是不是只和天气有关呢？不是的。后来人们又把"霁"引申比喻为怒气消除，气色转和，如"霁颜""色霁"等，就是指神色由怒转和或由怒转喜。你看，人的神色转变就和雨过天晴一样，这样的比喻是不是很形象呢？

举个例子

舂（chōng）陵周茂叔，人品甚高，胸怀磊落如光风霁月。

〔宋〕黄庭坚《濂溪诗》序

光风霁月以待人

唐朝武则天时代，有一个宰相名叫娄师德，宋代史学家司马光评价他"宽厚清慎，犯而不校"，意思是娄师德为人宽厚，清廉谨慎，即使受人冒犯他也不计较。

当时的名相狄仁杰却十分瞧不起娄师德，认为他不过是个普通武将，想把他排挤出朝廷。武则天察觉此事后，便问狄仁杰："娄师德是个品德高尚的人吗？"狄仁杰说："他作为一个武将，为人严谨保守，但没有听说过他品德高尚。"武则天又问："那娄师德是一个胸襟宽阔的人吗？"狄仁杰说："我曾和他是同僚，没有听说过他胸襟宽阔。"武则天笑着说："我任用你，就是娄师德向我推荐的，你虽然排挤他，但他却丝毫不在意，真是光风霁月啊！"并随手拿出以往娄师德推荐狄仁杰的奏章，让狄仁杰观看。狄仁杰看后十分惭愧，后来，狄仁杰也努力物色人才，随时向武则天推荐。

小链接

光，是一个会意字，"光"字的甲骨文，形状就像火在人的上面，所以有"光亮、明亮"之义。"光"字的演变过程：

商　　西周　　战国　《说文》小篆　　汉　　　汉　　　楷书

监牢。

94

"囹"是个形声字,形旁是"口",声旁是"令"。许慎在《说文解字》中说"囹,狱也","囹"就是监狱的意思。"圄"形旁也是"口",声旁是"吾"。在《说文解字》中说"圄,守之也","圄"是看守的意思。"囹圄"就是把犯人关押起来看守。我们常说的"深陷囹圄",就是指人被关起来了,有牢狱之灾。

拘后则审讯无期,又不开释,致令久禁囹圄,呼吁无门。
邹韬奋《揭穿妨害民主的几种论调》

司马迁狱中著《史记》

司马迁生于官宦之家，从小诵读古文，精通历史。二十多岁开始了他的游历生活，足迹遍布全国各地。在广泛接触了老百姓的现实生活后，他立志要写一部史书。

可是，就在他创作这部史书的时候，一件意外的事使他不得不中断写作。同朝为官的李陵被派去攻打匈奴，结果因战败而投降，当时的皇帝汉武帝非常愤怒。司马迁也因为替李陵仗义执言，被关入了大牢。在监狱中，他受尽了折磨，痛苦到了极点。他几乎想血溅墙头，了此残生。但他想到自己有一件极重要的工作没有完成，他想："人总是要死的，有的重于泰山，有的轻于鸿毛。我如果就这样死了，不是比鸿毛还轻吗？我一定要活下去！我一定要写完这部史书！"想到这里，他尽力克制自己，把个人的耻辱、痛苦全都埋在心底。在极其艰苦的条件下，他忍辱负重，咬紧牙关，继续发愤著书。就这样历经 14 年的艰苦写作，公元前 91 年司马迁终于完成了这部 52 万字的不朽巨著——《史记》。

[pū sù sù]

扑簌簌

形容物体轻轻而不断地落下。多形容眼泪。

你知道吗？

　　"簌"是形声字，"竹"是它的形旁，下半部分"欶（sòu）"字，同"嗽"，咳嗽，用力急促的意思。"竹"与"欶"联合起来就好像竹子急促抖动起来并发出沙沙声，因此"簌"字的本义就是抖动、摇动。元代戏曲作家白朴的杂剧作品《墙头马上》有一句"待月帘微簌，迎风户半开"中的"簌"就是"抖动"的意思。

举个例子

　　泪珠儿滴了万颗，止约不定，恰才淹了，扑簌簌的又还偷落。

〔金〕董解元《西厢记诸宫调》卷六

卧龙吊孝

周瑜是东吴大都督，才智超群却气量狭小。他和诸葛亮共商破曹大计，可又想加害诸葛亮，均被诸葛亮一一识破。他一气再气，再加上箭伤复发，结果倒地而亡。临死前，仰天长叹曰："既生瑜，何生亮！"

诸葛亮得知周瑜死讯，决定前去悼念。周瑜的部将对诸葛亮恨之入骨，想拔剑杀掉他，但诸葛亮带着大将赵云一同前来，周瑜的士兵都不敢轻易下手。诸葛亮来到周瑜的灵柩前，亲自给周瑜倒了满满一盏酒，"扑通"一声跪倒在地上，眼泪扑簌簌落下来。诸葛亮一边抹眼泪一边念自己写给周瑜的祭文："呜呼公瑾，不幸夭亡！天命如此，人岂不伤？我心实痛，酹酒一觞……"祭文写得惊天地泣鬼神，把周郎夸得前无古人后无来者，感动了在场很多人，大家都悲从中来低头哭泣，同时感慨诸葛亮对周瑜的悼念之情，认为诸葛亮是个重情重义之人。随后，鲁肃又摆放酒席招待了诸葛亮。

其实，诸葛亮哭周瑜并不是出于真心，而是有目的的。三国时期，魏蜀吴三分天下，诸葛亮是蜀国的军师，如果蜀国和吴国因周瑜的死而交恶，发生战争，那么收益最大的就是魏国。诸葛亮认清形势，通过声泪俱下的哭诉和对亡人的不凡事迹列举评价，达到了化解仇恨、消除隔阂、继续联吴抗曹的目的。

[wò xuán]

斡 旋

调解。

你知道吗？

　　"斡"的本义是瓢的手柄，由此引申出运转、扭转的含义，比如《三国演义》第三七回："将军欲使孔明斡旋天地，补缀乾坤，恐不易为，徒费心力耳。"再由此引申出周旋、奔走活动、调解之义。"旋"是会意字，"旋"的甲骨文的构形挺有意思，是风中飘动的旗帜，为"足"，即人的脚，因此"旋"字最初的意思是人的脚随旗帜挥动而周转。在古代，士兵听从旗帜指挥，因此当旗帜一出现，就有能调动千军万马的指挥功能。

商　　　秦　《说文》小篆　东汉　　楷书

举个例子

足下一时被陷，吾不过因便斡旋，何德之有。

〔明〕冯梦龙《醒世恒言》

苏秦合纵

春秋末年，群雄逐鹿，经过旷日持久的争霸战争，到战国时期，形成了齐、楚、秦、燕、赵、魏、韩七个强大的诸侯国，俗称"战国七雄"。

七国之间战争不断，而秦国仗着国力强盛经常进攻邻国。当时一个叫苏秦的谋略家，提出合纵抗秦，以防六国被秦国逐个击破。

苏秦率先来到燕国，对燕王说："大王，燕国常年太平富庶，是因为赵国在燕国的南方，挡住了秦军的进攻之路。如果没有赵国作为屏障，燕国早就深受秦国之害了。所以，燕国必须以邻为友，和赵国联合抗秦，彼此互助，共保平安。"

苏秦接着来到赵国，劝说赵王："'安民'最重要的是'择交'，现在赵国西边是强秦，东边是强齐。而今秦国狼子野心，赵国何不与齐国等邻国缔结盟约？秦国若进攻任何一国，其他国家都要派兵联合作战，若有人不遵守盟约，其他国家也有权联合讨伐。"

就这样，苏秦又出使其余四国，从中斡旋，终于组成了反秦联盟，因为六国位置是纵贯南北的，南北为纵，故称为"合纵"。

[wú yú]

无 虞

没有忧患，太平无事。

你知道吗？

"虞"，本指传说中的一种野兽。它是一种白虎，但身上却有黑色的花纹，尾巴比身体要长一些。它只吃自然死亡的动物之肉，因而被人们称为"仁慈之兽"。现在我们用"虞"这个字主要表示忧虑、忧患之义，如"性命之虞"，意思是有生命危险的忧患。

举个例子

我大皇帝和大元帅宽厚仁慈，百姓们丝毫不扰，社稷宗庙可以无虞。

郑振铎《桂公塘》六

高枕无虞

战国时期，齐国相国孟尝君养了三千个门客。有个门客叫冯谖，一开始并不被孟尝君所赏识。

有一天，孟尝君让冯谖到他的封地薛邑去收债。到了薛邑，冯谖以孟尝君的名义宣布债款一笔勾销。人们以为是孟尝君的恩德，心里充满感激。孟尝君知道后，十分生气。直到后来，他被齐王罢了官，回到薛邑定居。没想到，当地的老百姓纷纷去迎接他。孟尝君这才知道冯谖是一个有长远眼光的高人。

于是，他向冯谖表示感谢。冯谖说："狡猾的兔子有三个洞，也只能免除一死。而今您只有一个洞，还不能把枕头垫得高高地安心睡觉啊！就让我再给您挖两个洞吧！"因此，冯谖去见梁惠王，并告诉他："如果能请到孟尝君帮您治理国家，梁国一定能够变得更强盛。"梁惠王听了，立刻派人带着一千斤黄金、一百辆马车去请孟尝君到梁国做相国。这个消息传到了齐国，齐王一急，立刻请孟尝君回齐国做相国。

同时，冯谖又叫孟尝君在薛邑建立宗庙，用来保证薛邑的安全。等到薛邑的宗庙建好以后，冯谖对孟尝君说："现在三个洞都已经挖好了，从今天起，您就可以高枕无虞了！"

【 xiāo hàn 】

骁悍

勇猛强悍。

汉字风云会

有趣的汉字王国④

102

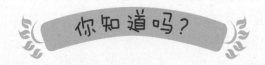

你知道吗？

　　"骁"是"马"的意思，而且还是"良马"。在古代，军队是一个国家的重要保障，只有兵力足够强大，国家才能日渐强盛。而骑兵是军队中最有战斗力的，骑兵最重要的装备是马，马的好坏直接影响骑兵的战斗力。强壮的马配上勇猛的战士，可谓所向披靡，而且马的等级越高，说明骑兵的官职越大，所以在古代有"宝马配英雄"一说。

举个例子

　　我想火龙的性子骁悍异常，必定要与张生为难。

〔清〕李渔《蜃中楼·煮海》

一代骁将——霍去病

　　公元前 117 年，西汉著名的骠骑将军突然因病而故，年仅 24 岁，他就是骁勇善战的匈奴克星——霍去病。

　　霍去病是西汉大将军卫青的外甥，他善于骑射，用兵灵活。第一次带兵出征匈奴的时候才 18 岁。他凭着一腔血气及八百骑兵，在茫茫大漠里奔驰数百里深入敌境把匈奴兵杀得四散逃窜，斩敌二千余人，被汉武帝封为冠军侯。

　　霍去病在抗击匈奴的过程中战功赫赫，同时他也是个大孝子。

　　霍去病年幼时命运坎坷，他的父亲从来没有尽过一天养育的责任。长大后，已身为骠骑将军的他在带兵出征时正好顺道路过父亲居住的村落，他便命下属把父亲接到了休息的旅舍。一见面，他便走上前"扑通"一声跪倒在父亲面前，说道："父亲，去病早前不知道自己是您的儿子，从来没有对您尽过孝道，请您原谅去病。"他的父亲惭愧至极，更不敢应承，连忙叩头说道："老夫有将军这样的儿子，才是上天保佑啊。"随后，霍去病又给他的父亲置办了田地和宅子，安排妥当才离开。

　　忠孝两全，一代骁将霍去病不愧为西汉军人的楷模！

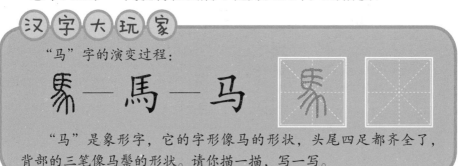

　　"马"字的演变过程：

　　馬—馬—马

　　"马"是象形字，它的字形像马的形状，头尾四足都齐全了，背部的三笔像马鬃的形状。请你描一描，写一写。

消弭

清除某些不好的事情。

你知道吗？

　　弭，由"弓"＋"耳"字组合而成。让我们来认识一下"弓"这个字吧。弓是古代射箭或打弹的兵器，用坚韧的木条弯成弧形，两端系上用牛筋做的弓弦，拉弦发射。中国古代历朝历代的男子都很重视射箭这门技艺。"弓"字就像一张弓的形状。

商　　西周　《说文》小篆　楷书

　　丞相用兵作战是为了平定中原，消弭外患。

　　　　　　　　　　　　　郭沫若《蔡文姬》第四幕

煮酒论英雄

东汉末年，刘备战败后去投奔曹操。他为了消除曹操对自己的怀疑，就假装对天下大事毫不关心，成天在后园种菜。但实际上他胸怀大志，想着怎样除掉曹操。

一天，曹操邀请刘备去小亭喝酒，酒兴正浓时，天上乌云密布，暴雨将临。二人靠在栏杆上聊天。曹操有意试探刘备："您知道龙的变化吗？"刘备说："请您说说看。"曹操说："龙能大能小，能隐能显，就像当世的英雄纵横四海。您知道谁是当世的英雄吗？"刘备早猜出了曹操的心思，为了打消他的猜疑，刘备马上列举了袁术、袁绍、刘表、孙策等人想转移视线，但曹操认为他们都称不上英雄。刘备只好假装糊涂地说："那么还有谁称得上英雄，我实在是不知道。"曹操指指刘备，又指指自己，说："天下英雄，只有您与我二人。"刘备一听这话，大吃一惊，吓得手里的筷子"啪"的一声掉在地上。幸运的是正好雷声大作，他就借机说是被雷声吓到而掉了筷子，就这样将自己的惊惶失措掩饰了过去。这一次刘备虽然没有引起曹操的怀疑，但也未消弭他对刘备的忌惮。

汉字大玩家

汉语博大精深，意思为消除的词语非常多，你能使用适当吗？

消弭　解除　排除

1. 在坎坷的人生道路上，要想实现自己的理想，必须要有（　　）万难的坚强意志。

2. 由于大家的共同努力，终于化险为夷，（　　）一场可能发生的灾祸。

3. 诸葛亮足智多谋，以空城计智退司马懿的大军，（　　）了危机。

意气用事

只凭感情办事，缺乏理智。

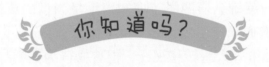

你知道吗？

在这个成语中，"意气"不能写成"义气"。"意气"指主观、偏激的情绪，而"义气"指刚正之气、忠孝之气，也指为帮助他人而甘冒风险甚至不惜牺牲自己的气概，比如"讲义气"。

"意气用事"的近义词是"感情用事"，说得通俗一点，就是头脑发热，不经过思考就去做事情，过于冲动莽撞，容易出现失误。

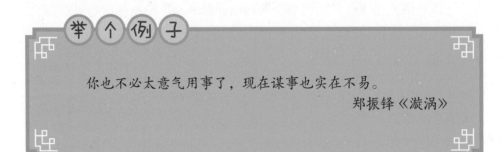

举个例子

你也不必太意气用事了，现在谋事也实在不易。

郑振铎《漩涡》

做官不能意气用事

清代书画家、文学家郑板桥早年家里很穷。

有一年除夕，他想买个猪头过年，又没钱付账，就在一个屠户那里赊了一个猪头。正准备下锅，猪头又被屠户要了回去，转手卖了高价。郑板桥很气愤，把这件事一直埋在心里。

后来，郑板桥到山东范县做了官，特别规定"屠户不准卖猪头"，以示对屠户的惩罚。他的夫人听说后，认为他太意气用事，就想办法劝说他。

一天，夫人捉到一只爱偷东西吃的老鼠，就用绳子绑住后腿吊挂在房子里。夜里，老鼠不停地叽叽挣扎，弄得郑板桥一夜没睡好觉，便埋怨夫人。夫人说，她小时候好不容易做了件新衣裳，被老鼠啃坏了。郑板桥听后笑道："兴化的老鼠啃坏了你的衣裳，又不是山东的，你恨它有何道理？"

夫人反驳说："你不是也恨范县杀猪的吗？"郑板桥听后恍然大悟，即兴作了一首诗："贤内忠言实难求，板桥做事理不周。屠夫势利虽可恶，为官不应记私仇。"以此自我反思，也感谢夫人的婉言劝解。

[yàn zú]

餍足

吃饱、饱足，也形容人的欲望得到满足。

有趣的汉字王国④

108

你知道吗？

　　"餍"这个字看上去是不是特别复杂呀？其实这个字很好记，它是由"厌"和"食"组成的。想一想，当我们看到食物时，就已经开始厌烦了，那就是我们吃得太饱啦！

　　所以，"餍"最初的意思是吃饱了，后来从这个意思中又引申出"满足"的意思。

举个例子

　　我这故事是完了，但谁也不会餍足。

何其芳《画梦录·岩》

孔子论"吃"

孔子在《论语》中提出："君子食无求饱，居无求安。"意思是一个君子应该在饮食上不要求达到餍足，在居住上不要求达到舒适。

孔子还提出了"十不食"的原则，如：食物存放时间过长，鱼肉腐败变质了，不吃；颜色不正，不吃；气味难闻，不吃；烹调不当，不吃；不到吃东西的时间，不吃；肉切得不方正，不吃；没有必要的佐料，不吃；市场上买来的酒肉怕不干净，不吃……以今天的标准来看，这些原则仍然是相当科学的。

孔子还提出："食不厌精，脍不厌细。"讲的是祭祀礼仪时的饮食要求。祭祀时用的食品当然不能像平常的饮食那样随意，用料和加工都要特别洁净讲究，尽可能选择无破损的米粒来烧饭，肉类切得越细越好……

你看，我们的饮食里面藏着深厚的礼仪文化啊！

小链接

中国古代神话传说中，有一种特别贪吃的恶兽叫"饕餮（tāo tiè）"，据说它有一个大头和一张大嘴，非常贪吃，见到什么就吃什么。由于它吃得太多，最后被撑死了。后来，人们把极其丰盛的食物称为"饕餮大餐"。

【 yá zì bì bào 】

睚眦必报

被人瞪一下眼睛那样极小的仇恨也一定要报复，形容心胸极其狭窄。

你知道吗？

仔细观察"睚""眦"的共同之处，你会发现它们都是"目"字旁的，表示都和眼睛有关。"睚"和"眦"都是眼眶的意思。比如《史记·项羽本纪》写"樊哙瞋目视项王，头发上指，目眦尽裂"，就是说樊哙瞪着眼睛怒视项羽，头发都气得立了起来，眼眶都裂开了。"睚眦"一词是怒视的意思。

举 个 例 子

瓒恃其才力，不恤百姓，记过忘善，睚眦必报。
〔南朝·宋〕范晔《后汉书·公孙瓒传》

睚眦之怨必报

战国时期，魏国中大夫须贾（gǔ）家有个门客，名叫范雎（jū）。一次，须贾怀疑他同齐国私通，便报告了宰相魏齐。魏齐叫人把范雎毒打了一顿，并逐出国境。为了掩人耳目，范雎改名换姓为张禄，偷偷到了秦国，仗着能言善辩的口才，又经王稽的推荐，取得了秦昭王的赏识，登上了宰相的高位。

"一饭之德必偿，睚眦之怨必报。"范雎当了宰相后不久，就说动秦昭王发兵攻伐魏国。当须贾得知秦相张禄就是范雎的时候，不禁惶恐万状，立即光着上身，跪在范雎面前请罪。范雎列数了须贾的罪状，又举行了盛大的宴会，当着全体宾客侮辱了他一场，说："姑念你曾赠送厚绸子，我也就不忘旧情，饶了你的命。可是你必须告诉魏昭王，迅速把魏齐的头送来。否则，秦国就要发兵杀到魏国的国都去。"

魏齐听到这个消息，吓得逃到赵国、楚国，可赵、楚两国都因为惧怕秦国，不敢收留他。最后，魏齐被逼自杀。

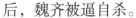

坐 镇

亲自在某个地方镇守，泛指领导亲自到下面抓工作。

你知道吗？

　　"坐"是会意字，两个人对坐在土堆上，是古人的一种休息方式。古代人一般坐在席子上，后来才有了椅子和凳子。孔子有一句话，叫"席不正不坐"，席子不端正，是不会坐下的。古代的圣人君子在坐、站、行、走这样的小事上都是遵守严格规范的。

坐 — 坐

《说文》古文　　楷书

举个例子

　　丞相坐镇中原，富贵已极，何故贪心不足，又来侵我江南。

〔明〕罗贯中《三国演义》

谢安坐镇　大破敌军

东晋时期，北方的前秦政权兵强马壮，号称有百万雄师。他们挥师南下，想要一举消灭东晋。当时东晋的首都在建康（现在的南京），朝廷上下都非常紧张，只有征讨大都督谢安非常镇定。他破格提升了自己的侄子谢玄担任大将军，一点都不干涉谢玄的指挥。谢玄急了，找了谢安好几回，每次都只见他在游山玩水。荆州的一个将军叫桓冲，怕建康城有闪失，特地派了三千勇士来帮助谢安，也被谢安拒绝了。

直到前秦的军队到达了淝水，谢安才召集将领们布置任务。当时东晋只有八万不到的士兵，将要对抗的是前秦百万虎狼之师。朝廷里每一个人都胆战心惊，只有谢安每天安心养花、下棋，好像什么事情都没有。谢玄按照谢安事先的安排，最后在淝水以弱胜强、以少胜多，战胜了前秦大军。

捷报送来，谢安正和客人下棋，他看完后轻轻往旁边一放。客人坐不住了，追问情况怎么样。谢安淡淡地说："孩子们已经打败敌人了。"这就是一代名相谢安的故事，他沉着冷静，运筹帷幄之中，决胜千里之外。也正是因为他临危不乱，坐镇后方，才有了淝水之战的伟大胜利。

[dié xiè]

蹀躞

小步行走或行走时艰难的样子。

你知道吗？

"蹀躞"是一组联绵词，它们的读音韵母相同，所以属于叠韵联绵词。"蹀躞"除了用来形容行走的样子，它的词义在鲜活的民间方言中也得以流传发展。比如在山东方言中被广泛使用，在东北方言和江浙方言中，也能找到它的踪影。不过它在方言中的词义就更加五花八门了。

举个例子

　　她走了，她实是一个最可爱的女子，当她在屋里蹀躞之顷，无端有"身长玉立"四字浮上脑海。

冰心《寄小读者·九》

铁拐李的故事

"八仙之首"铁拐李，本名李玄，传说他本来是一位相貌堂堂的男子，在一个山洞中修炼，并且已经达到了很高的造诣。他甚至能够使灵魂和肉体分离。一天他的灵魂出窍去华山寻访高人，把肉体留在了山洞中。几天以后李玄的灵魂返回，却找不到自己的肉体了。

蹀躞之间，李玄忽然看到一个快要饿死的人，长得很丑，还瘸着一条腿，疯疯癫癫。李玄看他快要死了，于是进入他的肉体，依附在他的身上。从那以后，李玄手里拄着拐杖，却经常施法救人，深受乡亲的喜欢和爱戴。因为李玄瘸了一条腿，乡亲们都叫他"铁拐李"。

铁拐李成仙之前，有一妻一子，家境贫寒。铁拐李成仙后回家，看到儿子已经长大成人，正娶妻宴请。家里敲锣打鼓，热闹非凡。铁拐李感慨不已，题诗一首便转身而去。妻子看到了想要叫住他，只见他的拐杖化为一条巨龙，铁拐李乘龙而去……

[gǒu zhì]

狗彘

"狗彘"指狗和猪。常比喻行为恶劣或品行卑劣的人。

你知道吗？

　　"彘"的甲骨文 ，像身上扎着弓箭的猪，表示与家养的猪有所区别的野猪。在我们传统的汉族文化中，猪往往被认为是愚蠢的，狗是奴才相的。所以，这两个字也就常被借来骂人。"狗彘不若"就是骂一个人的品行恶劣到连猪狗都不如。

　　商　　　西周　　　春秋　　说文《小篆》　楷书

举个例子

　　公（关羽）绰（chāo）髯（rán）笑曰："吾杀汝，犹杀狗彘耳，空污刀斧！"

〔元〕罗贯中《三国演义》

狗彘不食其余

曹操驾崩之后，其子曹丕继位，自立为魏文帝，并追封曹操为魏武帝。

令人大跌眼镜的是，曹丕即位后竟然悄悄地把先父后宫的佳丽全部纳为自己的妃子。空闲的时候，他就把这些绝色的"后妈们"传唤到父亲所建的铜雀台上，一边饮酒，一边作乐。有一次，一位十分擅长音律的美人早早地起来梳妆打扮，准备到铜雀台为曹丕助兴。谁料她的纤纤娥眉还没画好呢，曹丕就等得不耐烦了，派了一波又一波的人来催。

后来有一次，曹丕生病了。他的母亲卞太后前去探望。进入寝宫后，卞太后掀起门帘一看，曹丕的病床前侧坐着端汤送水的女子竟都是曹操生前的贴身宫女和妃子。卞太后惊呼："这些人什么时候被你召到房中来的？"曹丕说："父亲刚死，我就召她们来了。"说话时，他的脸上毫无羞愧之意。卞太后认为这实在是违背伦理道德，止不住大骂道："你们这些人的行为真是卑鄙龌龊至极，恐怕连狗彘都不会吃你们剩下的东西。这样的人，死了也活该啊！"

魏文帝曹丕活到四十岁就病故了。卞太后没去送葬。这个故事出自南朝刘义庆编写的《世说新语》，《世说新语》这本书的内容主要是记载东汉后期到晋宋年间一些名士的言行与轶事。

汉字大玩家

"行若狗彘"是一个带有动物的成语。中国最具代表性的动物都在十二生肖里，你能按顺序写出带有十二生肖的成语吗？

【 hòu qiū 】

后鞧

　　"鞧"指套车时拴在驾辕牲口屁股后的皮带子，因皮带在牲口屁股后，也称"后鞧"。"后鞧"现在主要指猪的后臀肉。

你知道吗？

　　"鞧"的形旁是"革"，表明与皮革相关；声旁是"酋"，"酋"的小篆，上面是半个"水"，下面是"酉"，表示酒坛（"酉"）上已有酒水了，所以"酋"字最早的时候是指酿制了很久的醇酒。在食物匮乏的远古时代，只有德高望重的部落长老才有资格分配酒浆美食，所以"酋"也从而引申出了"部落首领"的含义。

举个例子

　　（蒋平）说罢，将坐骑拴在礤台子桩（zhuāng）柱上，将镫（dèng）扣好，打去嚼子，打去后鞧，把皮靯拢起，用稍绳捆好。

〔清〕石玉昆《三侠五义》第一○八回

马车知多少

古人特别喜欢乘马车出行。古代的马车由车厢、马、轴、轮子、后辖等构成，速度快，乘着也舒服。

中国马车的历史悠久，早在夏、商时期就已发明制造出来了。早期的马车主要用于打仗，即用作"兵车"。兵车驾四匹马，称之为"乘"，西安秦始皇陵西侧发现的两辆"秦始皇陵铜马车"，驾的就是四匹马。"战车千乘"就是指战车千辆，"千乘之国"就是指拥有一千辆战车的军事大国。

随着制作技术的提高，马车渐渐也成为交通工具。驾马的数量有了变化，马车也有了不同的名字：驾一匹马的叫"驾"，两马并驾的叫"骈（pián）"，驾三匹马的叫"骖（cān）"，驾四匹马的称"驷（sì）"。"君子一言，驷马难追"就是指说出的话驾四匹马的马车也追不上，比喻说话要守信用。

在我国古代，坐马车出行是分等级的：天子驾六，就是指皇帝乘六匹马拉的车，诸侯驾五，卿驾四，大夫驾三，士驾二，庶（即平民百姓）驾一，违反了等级制度是有罪的。

现代随着火车、汽车、飞机的出现，马车已完成了它的历史使命，逐渐淡出了人们的生活。

汉字大玩家

"火眼金睛"识古字：古老的汉字像一幅画，具备了独特的形象美。请仔细观察右边这几个古字，你便会发现其中的秘密，还会认识这几个像画一样的古汉字，加油！

醒　酒　奠　酌　尊

【 lā ta 】

不整洁，不利落。

你知道吗？

"邋遢"两字的形旁都是"辶"，"辶"篆书写法为 ，上半部分像一条路（ ），下半部分像脚趾的形状（ ），整个字形的意思是一个人在走路。所以，"邋遢"一词最初是和走路有关的，指走路疲惫不正的样子。北宋时期修订的一部字典《广韵》中说："邋遢，行貌。"后来，从这个意思中慢慢引申出肮脏、不整洁之义。现在我们用"邋遢"这个词都是指这个意思，而它的本义已经不再使用了。

举 个 例 子

他不大好干净，可是那都是因为他没有结婚，他若是有个太太招呼着他，他必定不能再那么邋遢了。

老舍《四世同堂》

邋遢道人张三丰

张三丰原名张君宝，是武当山的一名道人。《明史》上记载他无论寒暑，都只穿一件道袍，戴一顶斗笠，衣服经常穿得邋里邋遢，所以人们叫他"邋遢道人"。别看他得了这样一个外号，其实他的造诣是很高的。所以明成祖朱棣下了600多道圣旨，要求寻访这位邋遢道人，只是张三丰行迹缥缈，皇帝一直没有找到他。

相传有一次，张三丰看到一只凶猛的鸟和一条蛇在打架，每当鸟往下俯冲攻击蛇时，这条蛇就竖起身子，吐着舌信，摇着蛇头躲避，鸟虽凶猛，却占不到什么便宜。就这样很多次之后，这只鸟筋疲力尽，只好无奈地飞走了。这条蛇也自由自在地钻进了草丛。张三丰从"鸟蛇斗"中受到启发：以柔可以克刚，以静可以制动。于是他模仿蛇的动作，创造出一套有名的拳法——内家拳。

这套拳法不但可以养生，也可以御敌，给道教乃至人类留下了宝贵的文化遗产。

附录：

"汉字大玩家"参考答案

P7　D　A　B　C

P23　三皇：伏羲　神农　黄帝

　　　五帝：颛顼（zhuān xū）　帝喾（kù）　尧　舜　禹

P35　跻　挤　济济　跻　济　挤

P39　亻+鬼=傀　亻+戈=伐　亻+奇=倚　亻+司=伺

　　　亻+府=俯　亻+右=佑　亻+丽=俪　亻+以=似

　　　亻+长=怅　亻+晶=儡

P49　奶　恐　忌

P51　始　好　婴　妊　娠　安　妆（"爿"就像一张床的样子）

P57　徘徊　坎坷　匍匐　嗫嚅

P59　杵

P65　询—询问　峋—嶙峋　殉—殉难

P73　左边是"勺"，右边是"斗"。

P79　龟　龙　凤　麟

P105　排除　消弭　解除

图书在版编目（CIP）数据

汉字风云会　有趣的汉字王国. ④/《汉字风云会》
栏目组编著；关正文总策划. －福州：福建教育出版社，
2018.1（2019.2重印）
ISBN 978-7-5334-7992-3

Ⅰ.①汉…　Ⅱ.①汉…　②关…　Ⅲ.①汉字－通俗读
物　Ⅳ.①H12-49

中国版本图书馆CIP数据核字（2017）第 315312 号

Hanzi Fengyunhui Youqu de Hanzi Wangguo

汉字风云会　有趣的汉字王国④

《汉字风云会》栏目组　编著

关正文　总策划

出 版 发 行	福建教育出版社	
	（福州市梦山路 27 号　邮编：350025　网址：www.fep.com.cn	
	编辑部电话：0591－83779650	
	发行部电话：0591－83721876　87115073　010－62027445）	
出 版 人	江金辉	
印　　刷	福州华彩印务有限公司	
	（福州市福兴投资区后屿路 6 号　邮编：350014）	
开　　本	710 毫米×1000 毫米　1/16	
印　　张	8.25	
字　　数	119 千字	
版　　次	2018 年 1 月第 1 版　2019 年 2 月第 3 次印刷	
书　　号	ISBN 978-7-5334-7992-3	
定　　价	25.00 元	

如发现本书印装质量问题，请向本社出版科（电话：0591－83726019）调换。